Birgit Maria Niedner & Peter Niedner

Post von Metatron

Aktuelle Durchsagen

Smaragd Verlag

Bitte fordern Sie unser kostenloses Verlagsverzeichnis an:

Smaragd Verlag e.K.
Neuwieder Straße 2
D-56269 Dierdorf
Tel.: 02689-92259-10
Fax: 02689-92259-20
E-Mail: info@smaragd-verlag.de
www.smaragd-verlag.de

Oder besuchen Sie uns im Internet unter der obigen Adresse und melden Sie sich für unseren Newsletter an.

Deutsche Erstausgabe: Januar 2016

Umschlaggestaltung: preData
Satz: preData
Printed in Czech Republic
ISBN 978-3-95531-125-4

Inhalt

Vorwort

Birgit Maria Niedner und Peter Niedner unterhalten gemeinsam mit Freude und Leidenschaft ein Zentrum für energetisches Arbeiten: MANGATA. Sie arbeiten dort als Medien, Heiler und spirituelle Lehrer. Auch Hypnosetherapie spielt eine große Rolle in ihrem Repertoire. In ihrem Zentrum arbeiten sie in Einzelsitzungen und lehren mit großem Erfolg den Umgang mit den universellen Gesetzen. Zudem sind sie Autoren erfolgreicher Bücher, zum Beispiel dem Bestseller „Metatron – Ausgleich des Karmakontos“. Aber auch „Das Buch der bedingungslosen Liebe“ oder das Kartenset „Lichtbotschaften von Metatron“ stammen aus ihrer Feder.

Aus all diesen vielfältigen Tätigkeiten ergab sich vor einigen Jahren ein regelmäßiger „Newsletter“ – ein Rundschreiben mit Durchsagen aus der Geistigen Welt. Diese Texte haben zwar fast immer einen aktuellen Bezug, denn sie werden jeweils zeitgemäß erstellt, aber der Kern dieser Botschaften ist von absolut zeitloser Bedeutung.

Das ganze Wirken der beiden Autoren und Medien steht unter der Führung von Metatron, so auch diese Briefe. Ein paar von Metatron ausgewählte Texte finden sich in diesem Büchlein wieder. Eine der herausragenden Besonderheiten dieser Texte ist es auch, komplexe Zusammenhänge leicht verständlich zu vermitteln. Metatron hatte die Ober-Aufsicht, hat jedoch einige Themen an die zuständigen „Fachleute“ delegiert, beispielsweise an Mutter Maria, die Erzengel Gabriel und Raphael oder die Aufgestiegenen Meister El Morya, Serapis Bey und Hilarion.

Zudem gibt es einen ganz neuen Text von Metatron über das Jahr 2016 – sehr spannend, unglaublich bereichernd und hilfreich, um das Jahr zu meistern.

❊ ❊ ❊

Das Jahr 2016 (Metatron)

Beinhaltet das Jahr 2016 irgendwelche speziellen Gefahren, auf die wir als Menschen achten sollten? Was bringt das Jahr 2016 an Chancen und Möglichkeiten?

Die Antwort von Metatron:

Das Jahr 2016, das sind die Ziffern 2 + 0 + 1 + 6 = 9. NEUN ist „die göttliche Zahl". Warum die göttliche Zahl? Weil in der NEUN alle anderen Zahlen in ihrer einzelnen Symbolik, in ihrer einzelnen Bedeutung, in ihrer einzelnen Kraft enthalten sind. Die NEUN umfasst alle Zahlen von EINS bis einschließlich ACHT. Jede einzelne Ziffer hat ihre Kraft, ihre Bedeutung. Selbstverständlich seid ihr als Seelen, die jetzt hier als Menschen auf der Erde inkarniert sind, „Götter in Tätigkeit". Das bedeutet, dass es in eurem Ermessen ist, jede Ziffer, jeden Buchstaben, jedes Symbol, jeden Stein, jede Pflanze, kurzum: alles, was auf der Erde ist, mit ihrer Kraft so zu belegen, wie ihr es wünscht. Es ist euch möglich, die Bedeutung der Ziffer SIEBEN zu verändern und zum Beispiel zu beschließen, dass sie nicht mehr die Kraft der Magie symbolisiert, sondern ab sofort in eurem Universum für die männliche Energie steht. Oder ihr nehmt die DREI als Zahl der Harmonie und beschließt, dass sie ab sofort die Kraft der Magie beinhaltet.

Also – es liegt an euch als „Götter in Tätigkeit", wie ihr die Energien, die euch zur Verfügung stehen, nutzt. Daher ist es in der Verantwortung eines jeden einzelnen Menschen, was er aus diesem Jahr 2016 macht. Macht er daraus ein Jahr der Depression, ein Jahr der Emotion, ein Jahr der Entscheidung, ein Jahr des Aufstiegs oder alles zusammen?

Ich möchte diese Frage als Anlass nehmen, euch noch einmal darauf hinzuweisen, dass IHR als Götter in Tätigkeit in der Lage seid, jegliche Energie, die in eurem Universum vorhanden ist, zu beeinflussen, zu verändern, ihre Bedeutung und ihre Kraft zu bestimmen.

Selbstverständlich hat das Jahr 2016 mit der Ziffer NEUN als Quersumme seine eigene Kraft, seine eigene Schwingung, seine eigene Frequenz. Wenn ihr euch das „System Erde" anschaut, dann stellt ihr fest, dass es bestimmte Rhythmen gibt. Viele Rhythmen, die euch geläufig sind, basieren auf der Zahl SIEBEN, zum Beispiel: Schulbeginn, Pubertät, Erwachsen-Werden, also Volljährigkeit. Wenn ihr euer eigenes Leben betrachtet, vielleicht schon ein paar Siebener-Rhythmen hinter euch gebracht habt, dann werdet ihr feststellen, dass in einem Abstand von etwa sieben Jahren immer große Einschnitte in eurem Lebensweg stattgefunden haben. So ist der Abstand von der SIEBEN zur NEUN nicht sonderlich groß. Wenn ihr es in Jahre eurer Zeitrechnung umlegt, sind es nur zwei Jahre – eine relativ kurze Zeit. Aber die Wechsel/Veränderungen/Umbrüche in euren zurückliegenden Jahren könnt ihr jetzt einmal betrachten.

Die NEUN, die göttliche Zahl, die Zahl, die alles beinhaltet, ist die Zahl des Jahres 2016 und bietet euch ungeheure Möglichkeiten und Chancen. Chancen, auf eurem eingeschlagenen Weg weiterzugehen – und das meine ich auf allen Ebenen. Ein eingeschlagener Weg kann ja sein, dass ihr kürzlich eine Ehe geschlossen habt oder einen neuen Arbeitsplatz eingenommen habt. Oder, anders herum, dass ihr euch gerade aus einer Gemeinsamkeit verabschiedet oder einen Ortswechsel vorgenommen habt. Was immer gerade in eurem Leben an wichtigen Zensuren stattgefunden hat, könnt ihr jetzt in die Harmonie bringen. Das bedeutet, ihr könnt all die unerledigten Dinge, die aus diesem alten Zustand noch vorhanden sind, in den Abschluss bringen.

Die NEUN beinhaltet die EINS für Klarheit und Durchsetzungskraft; die ZWEI für das weibliche Element, die emotionale Wahrnehmung und Klärung; die DREI, das Symbol für die Ausgewogenheit, die zum Bespiel ein gleichschenkliges Dreieck symbolisiert. Sie beinhaltet die SIEBEN für die Magie, für das, was sich jetzt plötzlich „magisch auflöst", was sich von allein verflüchtigt. Die Neun beinhaltet auch die ACHT, diese beiden in Harmonie aneinander geschmiegten Kreise als Symbol für die Unendlichkeit. Die Kraft, die sich ergibt, wenn zwei Energien in perfekter Harmonie und im Gleichklang, auf der gleichen Frequenz schwingend, sich vereinen, ihre Kraft aneinanderlegen, jeder seinen Raum hat und keine Energie die andere dominiert. All das und noch viel mehr beinhaltet die NEUN – die göttliche Zahl.

Also habt ihr in diesem Jahr 2016 ungeheure Chancen, alte Prozesse zum Abschluss zu bringen. Ein alter Streit, der noch nicht geklärt ist, kann in diesem Jahr besprochen und endgültig bereinigt werden. Wo immer noch alte Energien anhaften, zum Beispiel Neid, Zorn oder Schmerzen, weil es noch nicht gelungen ist, wirklich in die Vergebung, in das Erkennen der Notwendigkeiten dieser Schmerzen zu gehen.

Ihr bekommt in diesem Jahr große Unterstützung auch durch die Konstellation der Sterne und Planeten, in die innere Ruhe zu gehen und wirklich zu erkennen, dass der Punkt auf eurem Weg des Aufstiegs, an dem ihr jetzt seid, nur dadurch erreicht wurde, dass alles, was ihr hinter euch habt, was auf eurem zurückgelegten Weg bereits passiert ist, euch hierhin gebracht hat.

Überlegt einen kurzen Moment, was in diesem Wort „passiert" an Wortbelegungen enthalten ist. Für die meisten Menschen bedeutet „passiert": „Da ist mir etwas passiert", meistens mit einer negativen Betrachtung. Wer aber ein Verkehrsmittel nutzt oder auch zu Fuß geht, passiert eine Wegmarke, eine Kreuzung, einen Baum. Er hat eine Passage genutzt und ist an einer Stromschnelle, an einer markanten Stelle vorbeigegangen, hat sie passiert. Schaut euch also euren zurückliegenden Lebensweg an und erkennt, dass ihr Dinge passiert habt – im Sinne von „Ich bin daran vorbei", „ich bin dadurch", „ich habe es hinter mir", „ich habe es erledigt", „ich habe es erreicht", „diese Stromschnelle ist passiert". Nehmt die negative Bedeutung, die negative Belegung aus diesem Wort und belegt sie „positiv". „Ich habe es geschafft, ich habe es erreicht, ich habe es hinter mir, ich habe es GEMEISTERT."

Ihr habt in diesem Jahr 2016 viele Möglichkeiten zu erkennen, was es bedeutet, Meisterschaft zu erlangen. Das Ziel eures Weges hier auf der Erde ist, ein Aufgestiegener Meister zu werden. Was bedeutet das? Es bedeutet, ich habe alle Energien, die ich mir geholt habe, gemeistert. Ich habe alle Aufgaben, die ich mir gestellt habe, gemeistert. Also freut euch über das, was hinter euch liegt, und erkennt an, dass ihr eine schwierige Situation gemeistert habt, dass ihr ein Lernziel erreicht/gemeistert habt, dass etwas, was ihr euch vorgenommen habt – als Seele für diese Inkarnation –, von euch erledigt wurde, dass ihr es gemeistert habt. Denn wenn ihr es nicht gemeistert hättet, wärt ihr jetzt nicht in der Lage, diese Zeilen zu lesen.

Die NEUN in der Jahresziffer 2016 gibt euch die Möglichkeit, das Allumfassende in diesem System Erde zu erkennen, zu verstehen und zu verinnerlichen, dass alles seinen Sinn und Zweck hat. In dem Moment, in dem ihr erkennt, dass alles seinen Sinn und Zweck hat, nämlich euch auf eurem Weg der Evolution dient, nehmt ihr durch dieses Erkennen schon sehr viel Leid und Schmerz aus eurem Lebensweg. Wenn ihr euch wirklich vergegenwärtigt und dann verinnerlicht, dass es keine unlösbaren Aufgaben, keine unlösbaren Schwierigkeiten auf eurem Weg gibt, dann seid ihr schon davor gefeit, in eine Depression zu fallen. Wenn ihr nicht depressiv werdet, behaltet ihr den klaren Blick für die Ereignisse um euch herum, für die Ereignisse und Geschehnisse in eurem Universum. Es geht immer um euch. Es geht immer um euer Universum. Es geht immer um die Dinge, die euch betreffen. Und es geht immer darum, dass ihr erkennt, was um euch herum – in eurem Universum – geschieht und was es euch zeigen will.

Wenn ihr in einer großen Stadt wohnt, in der viele Wohnungen in hohen Häusern euer Umfeld bilden, könnt ihr davon ausgehen, dass in den Wohnungen um euch herum ständig irgendein Paar Streit hat, ernsthafte Auseinandersetzungen führt, sich vielleicht gerade auch verliebt oder beschlossen hat, sich endgültig zu trennen. Schaut euch an, was hier passiert. In eurem Universum geschehen Dinge, von denen ihr zum Teil Kenntnis erlangt und zum Teil nicht. Das ist es, was ich meine. Wenn plötzlich in eurem Umfeld viele Paare sind, die sich streiten oder darüber diskutieren, ob sie sich trennen sollen, ist das etwas, was eure Situation widerspiegelt, was euch darauf hinweist: Schau dir deine Partnerschaft an.

Versteht ihr, was ich sagen will? In eurem Umfeld passieren unendlich viele Dinge. Menschen treffen aufeinander, haben Beziehung zueinander, gehen miteinander Beziehungen ein. Aber ihr bekommt selbstverständlich nicht von all diesen Verschiebungen Kenntnis. Also schaut euch das an, was euch zur Kenntnis gelangt. Schaut euch das an, was euch an Information vom Universum gebracht wird. Die Chance, diese Dinge zu erkennen, ist eine große Kraft, die in der göttlichen Neun implantiert ist. Sie ist Inhalt dieser NEUN, weil die NEUN, wie schon gesagt, alle anderen Energien beinhaltet.

Wenn ihr euch eure Partnerschaft anschaut und feststellt, hier knirscht es gerade gewaltig. Wenn ihr anfangt, euch damit ernsthaft auseinanderzusetzen, ehrlich zu sein, euch anzuschauen, warum es knirscht, wo es mit eurer Abgrenzung Probleme gibt, wo eure Selbstliebe nicht gelebt wird und ihr anfangt, darüber zu kommunizieren – in Liebe, in Freundschaft, vor allen Dingen ohne Schuldzuweisungen, sondern sachlich und nüchtern –, dann kann möglicherweise plötzlich die SIEBEN ihre Kraft entfalten, die Magie dieser ungeheuren Kraft der Liebe sich in eurem Universum ausbreiten und viele Dinge, die euch bisher noch geärgert haben, sich wie durch Zauberei auflösen.

Die NEUN beinhaltet die EINS, die männliche Energie, die Kraft, die es jedem Menschen ermöglicht, klar und deutlich seine Wünsche zu formulieren. Diese männliche Energie, die in der EINS enthalten ist, stärkt euch aber auch den Rücken, wenn es darum geht, Meinungen und Äußerungen von anderen Menschen zu „ertragen". Denn das Wichtige in diesem Wort ist das „Tragen". Die EINS gibt euch die Kraft, diese anderen Menschen zu tragen. Also einen Partner, der vielleicht gerade schwächer ist, zu stützen. Ein Kind, das in der Schule oder sonstwo bei seiner Entwicklung Unterstützung braucht, zu fördern, es zu tragen. Denn unterstützen und fördern bedeutet letztendlich nichts anderes als tragen, teilhaben, teilnehmen, beteiligt sein.

Ihr seht, dieses Jahr der NEUN gibt euch große Chancen, in eurem Universum aufzuräumen, Bestandsaufnahme zu machen, in Klarheit zu erkennen: Womit bin ich zufrieden, und was möchte ich verändern? Es ist die große

Kraft der NEUN, euch bei Veränderungen, die ihr aufgrund klarer Entscheidungen vornehmen wollt, zu unterstützen. Klarheit im Erkennen, die förderlich ist, wenn es darum geht, getroffene Entscheidungen in Disziplin umzusetzen und zu leben. Alle Menschen, die sich auf dieses Jahr 2016 eingestellt haben und erkennen, welche ungeheure Kraft in der Zahl NEUN steckt, haben die große Chance, wirklich tiefgreifende Veränderungen mit Leichtigkeit, mit Geschmeidigkeit, kurzum: mit Liebe umzusetzen.

Die NEUN als göttliche Zahl bietet euch unendlich viele Möglichkeiten, die unterschiedlichen Ausdrucksweisen der Liebe zu erkennen. Ebenso bietet sie euch die Möglichkeit, die vielen Ausdrucksformen der Liebe zu leben, eure Liebe nach außen zu geben, euer Licht nach außen scheinen zu lassen, euer Licht der Liebe in eurem Universum zu einer hell strahlenden Sonne zu entwickeln, von der aus dann viel Licht auch in Nachbar-Universen strahlen kann.

Dieses Jahr 2016 wird für viele Menschen ein zentrales Jahr werden, denn aufgrund all der anderen Energien, die um dieses Universum, um dieses System Erde herum ebenfalls ihre Kräfte entwickeln, strahlen sozusagen viele unterstützende Aspekte und Kräfte jetzt auf die Erde herab, und Menschen, die bereit sind, in diesem Jahr klare Schritte auf ihrem Weg der Evolution zu gehen, bekommen dadurch, wie würdet ihr sagen: kräftigen Rückenwind.

Das Jahr 2016 ist ein Jahr des Fortschritts, wenn es darum geht, auf eurem Lebensweg, auf eurem Weg der Evolution ein Stück weiterzukommen. Ich möchte euch aber ausdrücklich darauf hinweisen, dass Dinge, die euch im ersten Moment als negativ erscheinen, weil sie möglicherweise schmerzhaft sind, letztendlich auch wichtig sind für euren Weg des Aufstiegs.

Ich möchte nicht den Eindruck erwecken, als ob in Jahren mit der göttlichen NEUN 365 Tage nur die Sonne scheint und jeder Mensch nur freundlich lächelnd durch die Gegend schwebt. Ich möchte, dass ihr versteht: Alles, was passiert, dient eurer Evolution, eurem Aufstieg. Und jede Situation, die ihr in ihrer Bedeutung klar erkennt und dann in Liebe auflöst, ist ein Schritt, der euch weiterbringt auf dem Weg zum Gipfel, dorthin, wo alle hinwollen: zurück zum Ursprung, zurück zu dem Punkt, an dem es gelingt, vierundzwanzig Stunden am Tag bedingungslose Liebe zu leben. Also erwartet nicht von dem Jahr 2016 oder von irgendeinem anderen Jahr, das die NEUN als tragende Quersumme hat, dass es nur ein Jahr des durchgehenden freudigen Schulterklopfens ist. Erkennt seine Chancen, seine Qualitäten, die darin liegen, Situationen klar zu analysieren, ihre Information zu erkennen und daraus Entschlüsse zu fassen, wie ihr euren Weg weitergehen wollt.

Ihr habt auch in diesem Jahr selbstverständlich die Unterstützung aller Engel und Aufgestiegenen Meister. Es ist so, dass die Atmosphäre, also die Aura von Mutter Erde, in den Jahren, die eine NEUN als Quersumme haben, immer besonders durchlässig ist, weil aufgrund der NEUN in dieser Jahreszahl viele langwelligen Energien, die ja von Menschen produziert werden, schon allein durch die Kraft dieser NEUN aus der Aura, aus der Atmosphäre vibriert werden. Also stellt euch einfach vor, dass in Jahren mit der NEUN der Himmel immer etwas heller und strahlender ist, es weniger Wolken gibt, als es sonst der Fall ist. Von daher ist es vielen Kräften möglich, leichter und schneller zu euch durchzudringen, und die Unterstützung, die ihr dadurch erfahrt, ist in Jahren mit der NEUN etwas zügiger.

Diese Konstellation mit der geklärten, etwas helleren Atmosphäre, mit etwas weniger Wolken, beinhaltet für viele Menschen auch eine große Chance, wenn es darum geht, ihre Sensibilität, ihre Feinfühligkeit zu trainieren. Wer auf seinem Weg der Evolution an den Punkt gelangt ist, an dem er anfängt, die Energien der Engel, der Aufgestiegenen Meister oder anderer Wesenheiten zu spüren, zu sehen, zu hören, kurzum: wahrzunehmen, der kann in diesem Jahr große Fortschritte in der Schulung seiner Sensibilität erreichen, wenn er sich regelmäßig in die Ruhe begibt und anfängt, diese Wahrnehmungsfähigkeiten zu trainieren.

Wer von euch jemals eine Wanderung auf eine Bergspitze unternommen hat, weiß, es gibt Tage mit guter Fernsicht und Tage mit weniger guter Fernsicht. Auf die Atmosphäre der Erde umgesetzt – in Bezug auf die Wahrnehmungsfähigkeit von euch Menschen zu anderen Wesenheiten – kann ich euch sagen: Merkt euch das Bild: 2016 ist ein Jahr mit ausgezeichneter Fernsicht.

Ihr geliebten Menschen, ich wünsche euch ein Jahr, das euren Vorstellungen entspricht. Ich wünsche euch, dass ihr, wenn das Jahr mit der NEUN seinen Endpunkt erreicht hat und ihr am 31.12.2016 einen Rückblick auf dieses Jahr veranstaltet, feststellt „Ich habe ganz viel erreicht. Mir ist ganz viel gelungen. Mir geht es gut. Ich fühle mich wohl. Ich bin voller Kraft, Hoffnung, Zuversicht und LIEBE."

Seid gesegnet und versichert, dass alle unsere guten Wünsche und unterstützenden Kräfte ständig für euch zur Verfügung stehen. Sofern ihr darum bittet, werden wir euch begleiten.

Gott zum Gruße,
Metatron.

❊❊❊

Euer Weg des Aufstiegs

(Hilarion, im Auftrag von Metatron)

Ihr geliebten Menschen, der Weg des Aufstiegs, der Weg zurück zum Ursprung, was heißt das? Es ist der Weg zurück in die Frequenz der bedingungslosen Liebe. Ihr seid geboren aus dem Licht, ihr seid entstanden aus dem Licht, aus einer Energie der bedingungslosen Liebe, aus einer Kombination der Feststofflichkeit, geboren von Mutter Erde, belebt durch den Geist von Vater Atmosphäre, Gott, Geist, welches Wort auch immer euch hier richtig erscheint. Der Geist, dieser Teil, die Essenz eurer Seele, dieses reine Energiegebilde, was niemals sterben kann, hat seinen Ursprung im absolut reinen Licht. Ihr kommt aus den Energiefeldern des Vaters. Der Vater in sich ist bedingungslose Liebe. Also ist euer Ursprung bedingungslose Liebe, reine bedingungslose Liebe. Den Weg dahin beschreitet ihr, denn ihr wollt wieder zurück zum Ursprung. Das ist der Weg, auf dem ihr seid: zurück in die bedingungslose Liebe.

Ihr geliebten Menschen, ich möchte, dass ihr die Gelegenheit nutzt. Es ist immer von neuen Zeiten, Zeitenwende, Wassermannzeitalter, neuen Zyklen, sich verändernden Schwingungen der Erde – von allen möglichen Dingen ist die Rede, aber ihr verkennt dabei das Wesentliche. Das Wesentliche ist euer ureigener, ganz persönlicher Aufstieg, eure bedingungslose Liebe, der Weg dorthin zurück, für jeden Einzelnen von euch. Ihr schaut immer auf die großen Bewegungen, auf die Veränderungen in Völkern, in Erdteilen, in Menschengruppen, aber worauf basieren sie? Auf der Veränderung eines jeden Einzelnen. Es ist nicht wirklich wichtig, ob das Bewusstsein von Mutter Erde sich verändert, es ist für euch nicht wichtig, wie sich die Frequenzen in der Atmosphäre verschieben oder welche großartigen Umwürfe im Universum vonstattengehen.

Es war eine der großen Lehren des Maya-Kalenders, dass ihr begreift, dass das, was für ganze Völker das Beenden eines Zyklus und von großer Bedeutung ist (Umweltschutz, Naturkatastrophen, plötzliche Epidemien, Krankheiten), um euch herum passiert, aber euch selbst nicht betrifft.

Sie haben mit eurem ureigenen Aufstieg, mit eurem ureigenen Entwicklungsweg **direkt** nichts zu tun. Sie betreffen euch, indem sie euer Herz ansprechen, indem sie euch fragen, ob ihr behilflich sein, einschreiten oder etwas unternehmen könnt. Was ihr dann entscheidet und wie ihr lebt, **das** betrifft euren Weg der Evolution. Die Triebfeder eures Seins, eures Handelns muss sein: Was betrifft meinen Weg der Evolution? Also, wenn ihr auf Ressourcen verzichtet, weil ihr sie nicht benötigt, zum Beispiel bei Lebensmitteln oder Energie, und ihr diese Energie, egal, in welcher Form, einer anderen Wesenheit zur Verfügung stellen könnt, dann wägt ab, **warum** ihr es tut. Aus Liebe oder aus Furcht? Tut ihr es aus Liebe zu den Menschen oder aus Furcht, euch „schlechtes Karma" aufzubürden? In dem Moment, in dem ihr anfangt, über schlechtes Karma nachzudenken, zerstört ihr eure liebevollen Gedanken, weil ihr Angst produziert. Ihr produziert Angst! Angst davor, dass ihr euch falsch verhalten könntet.

Entscheidet in Liebe, in Liebe zu euch und zu den anderen Wesenheiten, aber respektiert auch die Entscheidungen der anderen. Respektiert, dass diese anderen Wesenheiten, diese anderen Menschen sich für dieses Leben entschieden haben, das sie jetzt gerade leben. Dass auch sie die freie Wahl hatten, wo und unter welchen Umständen sie inkarnieren.

Die Konstellation der Planeten, der Sterne, des gesamten Universums oder alle Gestirne von anderen Universen haben alle Auswirkung, natürlich auch auf das Universum, in dem ihr lebt, aber die wichtigste Auswirkung auf **euer** Universum seid ihr selbst. Und wenn das durchgedrungen ist zu euch, wenn ihr das verinnerlicht habt, dann stellt euch vor, die Konstruktion eures Universums wäre ein Haus. Wenn ihr ein Haus baut, dann ist es wichtig, dass ihr schaut: Wie sieht das Fundament aus, der Boden, der Platz, auf dem ich dieses Haus baue? Ihr kümmert euch um die Fundamentplatte, um den Keller, um die Wände, das Dach und dann um die Einrichtung. Ist das die richtige Vorgehensweise? Ich denke, ihr könnt das nachvollziehen. Jetzt schaut bitte in euer Leben, schaut euch an. Wie viele von euch zerbrechen sich den Kopf, ob das Dach die richtige Farbe oder die richtige Neigung hat, ob die Dachfenster richtig ausgerichtet sind und die Kanten parallel laufen. Sie beschäftigen sich mit dem Dach und nicht mit dem Fundament. Sie vernachlässigen das, worauf eigentlich alles aufgebaut ist: auf Liebe, auf Selbstliebe, auf Respekt und Achtung, das heißt, auch auf Selbstrespekt und Selbstachtung.

Achtet euch selbst, dann könnt ihr den Nachbarn achten. Liebt euch selbst, dann könnt ihr den Nächsten lieben. Versteht, was das Fundament dieses Lebens ist, dieses Lernwegs, dieses Lernprozesses. Das Fundament ist, das System zu verstehen. Zu verstehen, wie die Naturgesetze wirken.

Was zeigt euch die Natur, wenn sie anfängt, aus dem Schnee hervorzukriechen? Was lehren euch die Tulpen und Krokusse, wenn sie ihren neuen Zyklus des Lebens beginnen? Welche Farbenpracht entfalten sie, und was verbirgt sich in den Farben? Was zeigt euch die Natur mit ihrem Weg der Entwicklung? Was bedeutet es, dass eine Zwiebel in der Erde Lebenskräfte konzentriert durch eine kalte Zeit bringt, um dann in einen neuen Lebenszyklus zu starten?

Habt ihr verstanden, was die Natur euch lehrt, wenn die Blätter erst hellgrün sind, sich dann von Hellgrün in Dunkelgrün verfärben und wenn der Lebenszyklus dieses Jahres zu Ende geht, die Farbe sich wieder entwickelt in Braun, Rot und Gelb? Was verbirgt sich in diesen Farben? Was verbirgt sich in diesen Frequenzen? Was lehrt euch dieser Farbzyklus? Was könnt ihr lernen von den Bienen, die eine gewisse Vorratshaltung beherrschen? Was könnt ihr lernen von einem Bären, der sich im Winter zur Ruhe begibt und nicht aktiv ist? Was könnt ihr lernen, wenn ihr das Wachstum der Bäume anschaut?

Ist euch klar, dass beständiges und langsames Wachstum das stabilste ist? Schaut euch die Pappel an. Sie wächst ganz schnell, aber sie ist auch sehr empfindlich und zerbrechlich. Schaut euch dann die Eiche an. Sie wächst langsam, aber sie trotzt so manchem Sturm, und bis es sie zerstört, braucht es viele Kräfte von außen. Natürlich ist irgendwann auch ihr Lebenszyklus zu Ende, aber NATÜRLICH, ohne Einwirkung von außen. Versteht ihr, was ich meine? Schaut euch die Grundlagen an.

Diejenigen von euch, die energetisch arbeiten: Wann habt ihr das letzte Mal bewusst die Kraft eurer Hände benutzt? Wann geht ihr zurück an die Basis, gelegentlich zwischendurch, und arbeitet nicht nur geistig und mit Mantren, sondern benutzt die Finger? Wann kombiniert ihr fließende Energie mit der Druckpunkt-Massage? Wann setzt ihr Farben ein und lasst sie durch den Finger fließen, mit dem ihr dann den Akupressur-Punkt drückt? Wann erinnert ihr euch an die Grundlagen der energetischen Heilung? Wann kümmert ihr euch um euren Selbstschutz? Wie viel Zeit wendet ihr auf, euch mit euch zu beschäftigen? Wann habt ihr das letzte Mal eure feinstofflichen Felder gereinigt? Wann habt ihr euch bewusst damit beschäftigt, wie es euch geht?

Schaut nicht nur darauf, andere zu heilen. Das ist eine wunderbare Aufgabe, eine wunderbare Profession, aber dort, wo ihr als Heiler tätig seid, seid ihr auch Lehrer und, vor allem, Lernende. Wann habt ihr das letzte Mal hingeschaut, was der Mensch, der zu euch kommt, euch lehrt, was er euch zeigt? Wann habt ihr verstanden, welche Botschaft er für euch hat und wie wichtig diese Botschaft für euren Entwicklungsweg ist? Ich bitte euch, ihr geliebten Menschen, kommt wieder zurück zu den Anfängen eures Weges, kommt damit zurück zu dem Gedanken „Ich lebe Liebe. Ich kümmere mich um das Leben der bedingungslosen Liebe, ich versuche, an mir zu arbeiten, damit ich es schaffe, bedingungslose Liebe zu leben."

Schaut nicht nach den anderen, wie gut sie es schaffen, geht nicht her und, ich will gar nicht sagen „lästert" über andere, die es nicht können. Erhebt euch nicht über die, bei denen ihr „Fehler" entdeckt, sondern erkennt, dass ihr diese „Fehler" gezeigt bekommt, damit sie euch lehren, wo ihr hinschauen könnt.

Vergesst niemals das Prinzip des Spiegelns. Und wer glaubt, er wäre schon lange aus dem Spiegel herausgetreten, der überprüfe seine Hochmütigkeit. Das ist die Neue Zeit! Das ist der neue Zyklus! Das ist die neue Zeitqualität, um die es geht, nachdem der Maya-Kalender abgelaufen ist. Erkennt, dass Egoismus nicht bedeutet: „Alles für mich", sondern beginnt zu verstehen, dass ein gesundes Maß an Egoismus bedeutet: „Was ist für **mich** richtig? Was ist für **mich** wichtig? Auf welche Punkte will **ich** mich konzentrieren? An welchem meiner „Fehler" will ich arbeiten? Welche Aufgaben habe ich mir gestellt für dieses Leben?" Das sind die Fragen, die euch beschäftigen sollten, damit ihr auf eurem Weg weiterkommt.

Erkennt, wenn ihr euch selbstkritisch hinsetzt: Wo flüchtet ihr vor der Arbeit an euch selbst, weil ihr glaubt, noch eine Technik, ein neues System, eine neue Erklärung lernen zu müssen? Flucht bedeutet immer, ich wende Zeit auf für irgendetwas, damit ich mich nicht mit mir beschäftigen muss. Das ist der Hintergedanke von Flucht. Ich beschäftige mich nicht mit mir. Egal, ob ihr in die Arbeit flüchtet oder in den Alkohol, in welche Droge auch immer. Auch Meditieren kann zur Droge werden, wenn ihr nur noch versucht, euren Geist so stillzulegen, dass ihr ihn nicht mehr trainieren müsst.

Habt ihr einmal darüber nachgedacht? Habt ihr wirklich verstanden, was es bedeutet, euren Geist zu trainieren? Was es bedeutet, dass ihr euer Gehirn genauso trainieren könnt wie eure Arm- oder Rückenmuskulatur? Ihr könnt euch nicht nur angewöhnen, bestimmte Bewegungen auszuführen, wie Spagat oder Flip-Flop oder auf dem Hochseil zu tanzen, ihr könnt euch genauso antrainieren, bestimmte Dinge nicht mehr und dafür an andere Dinge zu denken. Ihr könnt das Hirn wie jeden anderen Muskel trainieren. Das ist eine wichtige Beschäftigung. Aber dazu müsst ihr eure Gedanken kontrollieren und beobachten, dazu müsst ihr euch mit euch beschäftigen.

Ihr geliebten Menschen, ich wünsche euch bei der Revision eures Lebenswegs, bei der Überprüfung dessen, ob ihr für euch der Überzeugung seid, dass der Schritt, den ihr jetzt vor den nächsten setzt, immer noch der richtige ist. Ruhe, Gelassenheit, Freude und Zuversicht. Selbstverständlich gilt auch hier: Es gibt keine Fehler. Wenn ihr noch einen anderen Weg gehen wollt oder müsst, dann müsst ihr das tun. Was ich möchte ist, dass ihr **bewusst** schreitet. Nehmt euch Zeit, euch bewusst zu betrachten. Nehmt euch Zeit, euch bewusst mit euren Gedanken zu beschäftigen. Nehmt euch Zeit, bewusst bedingungslose Liebe leben zu lernen. Dann ist alles gut, dann seid ihr auf dem richtigen Weg.

Liebt nicht nur die Natur, liebt nicht nur die Tiere, liebt auch euch. Liebt nicht nur den Nächsten, liebt auch euch. Liebt nicht nur den Bettler, den Bedürftigen und Kranken, liebt auch euch. Bedingungslose Liebe zu leben heißt, jeden so zu lassen, wie er ist. Jeden Menschen seinen Lebensweg so beschreiten zu lassen, wie er es möchte. Wenn er euch um Unterstützung bittet, gewährt sie ihm, aber verkneift es euch, ihn lenken zu wollen.

Wenn wir also noch einmal über Karma sprechen, so will ich euch daran erinnern: Das meiste Karma schaffen Menschen unter dem Vorsatz: „Ich habe es doch nur gut gemeint." Meint es mit euch selbst gut, gebt euch Zeit. Nehmt euch Zeit für euch – zum Spielen, zum Glücklich-Sein, Freude zu haben, aber auch Zeit, um über euch und euren Weg nachzudenken.

Es war mir eine Freude, zu euch sprechen zu dürfen. Seid gesegnet meine, Lieben, seid gesegnet.

Gott zum Gruße, Hilarion.

Die Frequenzveränderung der Erde
(Metatron)

Warum gibt es so viele Erschütterungen auf der Erde? Meine Lieben, der Frequenzwechsel auf der Erde, der in so vielen Berichten/Newslettern/Briefen/Unterweisungen immer wieder erwähnt wird, ist an einem Punkt des Prozesses angelangt, an dem viele Seelen, vor allen Dingen ihr feststofflicher Körper, auf diesen Wechsel, dieses Anheben der Frequenz reagieren. Einige feststoffliche Körper reagieren durch Krankheiten, um auf diese Art und Weise den Prozess für die entsprechende Person etwas zu verlangsamen, denn der feststoffliche Körper braucht selbstverständlich seine Zeit, um sich auf diese Veränderungen in der Atmosphäre, im Schwingungsfeld der Erde einzustellen. Einige feststoffliche Körper können diesen Prozess nicht mehr mitgehen, und die Seele beschließt daher, sich einen neuen feststofflichen Körper zu holen. Ich verwende diese für euch hart klingenden Worte mit Absicht, damit ihr versteht, warum gerade in dieser Zeit so viele eigentlich doch sehr hochfrequent schwingende Menschen zum Teil überraschend und plötzlich diese Erde/diese Inkarnation verlassen.

Erinnert euch bitte an den Prozess der Reinkarnation. Erinnert euch bitte daran, dass dieses Leben, das euch jetzt in diesem Moment so präsent und so wichtig ist, im gesamten Ablauf des Evolutionsprozesses einer Seele nur eine Momentaufnahme ist, nur eine kurze Sequenz. Selbst wenn ein langes Leben achtzig Jahre eurer Zeitrechnung währt, ist dieses Leben in der Abfolge von einigen tausend Inkarnationen nur ein kurzer Moment. Selbst euch als spirituell interessierte, wache, wissende Seelen/Menschen steht die Trauer über den Verlust eines geliebten, nahestehenden Menschen zu. Die Trauer ist wichtig. Ich möchte euch nur heute daran erinnern, damit ihr die Möglichkeit habt, wenn euch diese Trauer trifft, besser damit umzugehen.

Das euch – in eurem bewussten feststofflichen Wissen – bekannte Universum ist nur ein kleiner Teil eines viel größeren, komplexeren Ganzen. Euer euch bekanntes Sonnensystem und auch die einigen bekannten, im Umfeld liegenden Sonnen- und Sternensysteme sind noch lange nicht das ganze All, das ganze Universum. Bei der Konstruktion des Plans für den Aufstieg einer Seele hat der Vater für das Konzept Erde sehr genaue Festlegungen getroffen. Auch wenn sich innerhalb dieses Systems, dieses Konzepts Erde, eine Erhöhung der Frequenzen ergab und auch noch ergeben wird, bedeutet das nicht, dass das Konzept Erde grundsätzlich infrage gestellt wird oder sich verändert. Es wird immer so sein, dass der Hauptpunkt für Inkarnationen auf der Erde ist, dass IHR als inkarnierte Seele das Konzept der freien Wahl habt. Es wird immer so sein, dass bei Inkarnationen auf der Erde IHR von eurer Wahlmöglichkeit Gebrauch machen sollt beziehungsweise müsst und Entscheidungen trefft.

Ich möchte euch das noch einmal ausdrücklich in Erinnerung rufen. Es wird niemals so sein, dass die Erde eine Schwingung erhält, in der Menschen automatisch – von außen gelenkt – plötzlich Sprünge in ihrem Bewusstsein machen und sich ihnen Dinge einfach erschließen, ohne dass sie dafür die notwendigen Entscheidungen getroffen haben. Bedingungslose Liebe zu leben ist ein Prozess, der nur dann entstehen kann, wenn ihr lernt, in Liebe Entscheidungen zu treffen. Sonst könnt ihr Liebe nicht leben. Es wird also niemals so sein, dass ihr „einfach vor euch hin lebt" und sich über das Außen – von außen gesteuert von meinen Engelheerscharen, den Meistern oder wem auch immer – euer Prozess des Aufstiegs ergibt.

Es besteht auch keinerlei Grund zur Sorge, dass sich aufgrund der Verschiebungen im All Veränderungen auf der Erde ergeben, die für den Fortbestand dieses Systems gefährlich sind. Vielleicht stellt ihr euch einfach vor, dass das euch bekannte System Erde in einer riesengroßen Blase existiert und alle anderen Kräfte, die Gott geschaffen hat, von außen dafür sorgen, dass diese Blase stabil ist. Was auch immer außerhalb dieser Blase passiert, hat keine zerstörerischen Auswirkungen auf den Planeten Erde.

Wenn ihr dieses System für eure Prozesse zugrundelegt, für eure Gedanken- und Entscheidungsprozesse, dann erkennt ihr, dass es unabdingbar ist, für euren persönlichen Aufstieg etwas zu tun. Nur wer übt, auf welche Art und Weise auch immer, bedingungslose Liebe zu leben, sein Wissen über bedingungslose Liebe zu mehren und zu verstehen, wie dieses System der bedingungslosen Liebe funktioniert, wird den Aufstieg erleben. Die Seele muss die bedingungslose Liebe leben. Nur diese Seele/dieser Mensch wird an ihrer/seiner Schwingung Veränderungen der Frequenzen feststellen können.

Eine Anhebung der Frequenz, ein Aufstieg, ist nur möglich durch gelebte Liebe.

Es gibt so viele Möglichkeiten, für jeden Einzelnen von euch, nach seinem Wissensstand, seinem Bewusstseinsstand, seinen Möglichkeiten zu üben, bedingungslose Liebe zu leben. Eine der einfachsten und wichtigsten Möglichkeiten ist es, sich darin zu üben, nicht zu werten. Schaut euch einmal an, wie häufig ihr noch denkt: Das ist gut, das ist schlecht, dieser Mensch ist gut, dieser Mensch ist schlecht. Wie oft beurteilt ihr Menschen und urteilt über sie. Hier fängt die einfachste Übung an: Werte nicht. Nimm zur Kenntnis. Stelle fest, dass jemand etwas tut, was deinem Gefühl nicht entspricht, was dir nicht gefällt. Entscheide durchaus, dass DU so nicht handeln oder sprechen möchtest. Aber verurteile nicht den Menschen, der gerade so spricht, so handelt oder auch etwas NICHT tut. Auch etwas zu unterlassen bringt euch sehr leicht in das wertende Urteil. Versucht immer und jederzeit zu erkennen, welches große Licht in jeder einzelnen Seele leuchtet. Versucht zu erkennen und wirklich in euer System zu integrieren: Alle Menschen haben den gleichen Ursprung. Alle Menschen haben die gleichen Eltern. Alle Menschen sind Brüder und Schwestern als Kinder von Gott, dem Vater. Es gibt also keine Seele, die mehr wert ist als eine andere.

Ich weiß, dass dieser Satz schon hunderttausendmal gesagt worden ist, und doch gibt es immer noch hunderttausende Menschen, in deren Köpfen und Herzen dieser Satz nicht wirklich fruchtet, verankert ist, zum Tragen kommt, als Leitschnur dient. Es ist euer Recht, Menschen, die nicht auf eurer Wellenlänge sind, mit denen ihr also nicht auf einer Welle schwimmt, aus dem Weg zu gehen, ihre Gesellschaft zu meiden, sie nicht auf eure Party einzuladen. Aber all diese Dinge bedeuten nicht, dass man diese Menschen bewertet, sondern einfach nur feststellt: Sie tun Dinge, die mir keine Freude machen, ABER die für IHREN Weg des Aufstiegs, für IHREN Lebensplan, für IHRE Lernschritte wichtig sind.

Auf etwas anderes möchte ich euch an dieser Stelle noch einmal hinweisen: Menschen, die ihr für schlecht haltet, weil sie Dinge tun, die euch nicht gefallen, arbeiten möglicherweise gerade an dem Thema Karma. Vergesst niemals, dass der Ausgleich der karmischen Konten zwischen Menschen oder auch anderen Wesenheiten ein wichtiger Teil des Evolutionsprozesses ist. Also jemand, der euch heute als ausgesprochen missliebiger Mensch begegnet, hat vielleicht bewusst entschieden, in diesem Leben eine unerfreuliche Figur zu spielen, den „Armleuchter" zu geben, um auf diese Art und Weise Karma auszugleichen, weil andere Menschen sich jetzt an ihm reiben können. Also übt euch darin, euren Lebensweg zu beschreiten, ohne dass ihr wertet, ob ein Mensch gut oder schlecht ist. Er ist einfach. Er ist ein Kind Gottes. Er ist ein leuchtendes Licht, eine Seele, die sich einen Körper gesucht, eine Rolle übernommen hat, ein Leben lebt, um etwas zu lernen, aber auch, um als Lehrer für andere Menschen zur Verfügung zu stehen. Ein Gefängniswärter kann respektvollen Umgang mit „gestrauchelten" Menschen nicht üben und lernen, wenn ihm keine „gestrauchelten" Menschen zur Verfügung stehen.

Der Evolutionsprozess auf der Erde befindet sich also in einem Prozess der Veränderung. Es ist durchaus richtig, dass die Frequenzen auf der Erde sich verändern. Es hat auch etwas damit zu tun, dass immer mehr Menschen gerade in dieser Zeit bewusst auf spirituelle Art und Weise arbeiten. Viele dieser Menschen sind ganz bewusst jetzt inkarniert, um aufgrund ihrer Meditationen oder sonstigen spirituellen Arbeitsweise Mutter Erde zu unterstützen. Denn auch das solltet ihr bedenken: Der Prozess, der entsteht, wenn Menschen langwellige Energien produzieren, belastet Mutter Erde, die Atmosphäre, die Auraschichten von Mutter Erde natürlich massiv. Je massiver diese Energien in der Aura, in der Atmosphäre von Mutter Erde wirken, desto mehr braucht sie die Hilfe, die Unterstützung, die freundschaftlichen Dienste von Seelen, von Wesenheiten, die ihr helfen, all diese niedrig schwingenden Energien zu verarbeiten. Je mehr Seelen auf der Erde die Energien Krieg, Angst, Neid, Hass und Zorn produzieren, desto mehr belasten diese Energien die Erde. Je mehr die Erde durch diese Energien belastet wird, desto mehr Unterstützung braucht sie von Menschen, die bedingungslose Liebe in die Atmosphäre pulsieren, die bewusst Mutter Erde unterstützen und liebevolle Energie in die Atmosphäre senden.

So ist meine Bitte zum Schluss: Geht bewusst in die Dankbarkeit gegenüber der Erde. Sendet Mutter Erde bewusst die Energie der bedingungslosen Liebe. All die, die über die Techniken verfügen, sollten immer wieder in die Meditation gehen und aus ihrem Herzen heraus bewusst an Mutter Erde die Energien der bedingungslosen Liebe und des Dankes für ihre Arbeit senden. Entsendet euren Gruß an Mutter Erde. Sie hat sich bereiterklärt, als lebendes Wesen für euch als Menschen zur Verfügung zu stehen, damit ihr eure Prozesse durchleben und all dieses Wissen in euch integrieren könnt. Sie leistet großartige Arbeit und ist dankbar für jede liebevolle Entsendung einer Energie in ihre Atmosphäre, speziell dann, wenn diese voller Dankbarkeit an sie gerichtet ist. Ein liebevoller Gedanke an Mutter Erde ist wie das gesprochene freundliche Wort zu einer Verkäuferin oder zu einem anderen Menschen, der euch begegnet.

Erinnert euch immer wieder daran, seid euch immer wieder gewiss: Auch Mutter Erde ist ein lebendes Wesen und freut sich über ein „gutes Wort" wie jeder Mensch. So liebe- und respektvoll, wie ihr mit Tieren, Pflanzen und anderen Lebewesen umgeht, solltet ihr nach Möglichkeit auch mit Mutter Erde umgehen. Bedankt euch bei ihr für all die Ressourcen, die sie euch zur Verfügung stellt. Und erinnert euch immer wieder daran: Ohne Mutter Erde, die alle feststoffliche Materie auf diesem Planeten zur Verfügung stellt, wäre ein Leben für euch als Menschen nicht möglich. Ohne Mutter Erde wärt ihr zwar Seelen, geistige Wesen, aber ihr hättet keinen Körper und könntet keinen einzigen Lernschritt, der mit dem feststofflichen Körper zusammenhängt, absolvieren. Sie ist also durchaus die Grundlage und sollte daher mit Dankbarkeit behandelt werden für alles, was ihr hier auf der Erde erlebt.

Seid gesegnet meine Lieben, seid gesegnet.

Gott zum Gruße, euer Metatron.

Tod, Trauer und Schmerz (Metatron)

Ihr geliebten Menschen, ihr geliebten inkarnierten Seelen, selbstverständlich können euch in kommender Zeit die Themen Tod, Trauer oder auch Schmerz begegnen. Es sind bewegende Themen – bewegend für euch, die ihr gerade inkarniert seid und somit in all den Energien lebt, die in das System von Mutter Erde eingewoben sind. Schmerz und Trauer sind wie die Wut notwendige Energiefelder, die in der Erde eingewoben sind. Trauer ist eine ausgesprochen heftige, mächtige, kraftvolle, schwerwiegende Energie, die dazu geeignet ist, euch als inkarnierte Seele wie ein massives Stoppschild im Straßenverkehr in eurer Fortbewegung zu bremsen, abzubremsen, zum Innehalten zu bringen. Trauerfälle im unmittelbaren Umfeld, wie bei dem Verlust von Kindern, Partnern, Eltern oder Geschwistern, verursachen zumindest für eine begrenzte Zeit ein massives Absenken der Frequenz, auf der ihr schwingt. Dieses Absenken könnt ihr vergleichen mit einer Vollbremsung, wenn ihr mit euren Fahrzeugen unterwegs seid. Es zwingt euch dazu, einen Moment rechts ranzufahren, einen Parkplatz aufzusuchen, zur Ruhe zu kommen und Rückschau zu halten.

Die Rückschau hat immer damit zu tun, dass ihr euch überlegt: „Habe ich mit dem Menschen, der jetzt von mir gegangen ist, alles besprochen, was zu besprechen war, habe ich alles gesagt, was zu sagen war, habe ich immer in der richtigen liebevollen Art und Weise gehandelt, wie ich handeln wollte, habe ich immer das mir Bestmögliche getan?"

Von daher ist ein Todesfall immer ein massiver Einschnitt in euren Lebenszyklus, in eure Inkarnation. Es ist somit vollkommen klar, dass ihr durch einen Trauerfall bis in die Grundmauern eures Lebensgebäudes erschüttert werdet. Wie ein Erdbeben, das an dem Haus, in dem ihr lebt, vorbeizieht und dieses Haus durchschüttelt, wird euer Lebensgebäude kräftig gebeutelt und durchgeschüttelt. Manchmal nimmt das Haus Schaden oder stürzt ein, manchmal sind nur ein einige kleine Blessuren relativ zügig zu reparieren, und das Haus strahlt wieder in altem Glanz. Meistens wird es bei der Gelegenheit noch frisch gestrichen, sodass es hinterher besser aussieht und dasteht als vor dem Erdbeben.

Genauso geht es eurer Seele, ihr geliebten Menschen, wenn ihr durch das Tal der Tränen gegangen seid und eure Trauer ausgelebt habt. Wenn ihr eurer Trauer den entsprechenden Zeitrahmen eingeräumt, wenn ihr verarbeitet, verdaut, verstanden habt, was mit diesem Tod alles für euer Leben zusammenhängt, was er euch lehrt und zeigt, welche Erkenntnisse er euch vermittelt. So geht ihr zu einem etwas späteren Zeitpunkt gestärkt, also **in neuem Glanz,** aus dieser Situation hervor.

Ich will es noch einmal ausdrücklich sagen: Diese Trauer steht euch zu. Dieser Schmerz steht euch zu. Diese Trauer ist wichtig, dieser Schmerz ist wichtig. Erkennt ihn an, lasst ihn zu und lebt ihn aus. Es gibt keine Einwände dagegen, diesen Schmerz herauszuschreien, in der entsprechenden Situation zu fluchen, zu schimpfen oder auch tatsächlich oder sinnbildlich eine Kristallvase an die Wand zu schmeißen. Lasst eure Emotionen zu, offenbart sie, nehmt den Korken aus der Flasche, öffnet das Ventil des Kessels und lasst eure Wut, euren Schmerz oder euren Zorn aus eurem System entweichen. Erkennt diese Energien an, sie sind Bestandteil eures Lebens, eurer Inkarnation. Schaut den Tatsachen ins Auge, geht ihnen auf den Grund, analysiert sie und versteht, dass dieses die Risse im Gebäude nach dem Erdbeben sind, die ihr flickt, die ihr kittet, die ihr neu gestaltet, neu aufbaut.

Es ist keinesfalls zwingend notwendig, um auf dem spirituellen Weg weiter voranzuschreiten, schmerzhafte Krankheiten, große „Schicksalsschläge" oder den Tod eines geliebten nahestehenden Menschen zu ertragen, erdulden, verarbeiten zu müssen. Bedenkt bitte, dass alle Seelen, bevor sie inkarnieren, sich in einer Runde bei der vorgeburtlichen Vision besprechen, was sie in diesem Leben lernen möchten. Und es gibt immer Seelen, die den Teil des Lehrers von vornherein übernehmen. So zum Beispiel auch Kinder beziehungsweise Seelen, die als Kinder inkarnieren und dann als Kinder, manchmal als Kleinkinder, als junge Heranwachsende oder auch im Alter von dreißig oder fünfunddreißig Jahren, aber eben immer noch als Kinder, vor ihren Eltern und Großeltern diese Erde wieder verlassen. Diese Seelen haben sich in aller Regel vor der Inkarnation schon bereiterklärt, durch ihren frühzeitigen Tod eine Lehrerfunktion zu übernehmen. Eben die Funktion dieses Stoppschilds, dieses Signals: Hier ist der Zeitpunkt, innezuhalten.

Wer seinen spirituellen Weg geht, ist also niemals zwingend darauf angewiesen, dass solch ein gravierendes Signal in seinem Leben stattfindet. Außerdem, und auch das müsst ihr immer bedenken, hat jede inkarnierte Seele zu jeder Zeit die freie Wahl. Das heißt, eine Seele die sich entschieden hat, als Kind diese Erde wieder zu verlassen, kann sich während dieser Inkarnation durchaus entscheiden, diesen Schritt nicht wahrzunehmen, sondern „steinalt" zu werden. Genauso kann es andersherum sein, dass eine Seele, die sich eigentlich vorgenommen hat, sehr alt zu werden, aus unterschiedlichen Gründen beschließt, zu einem bestimmten Zeitpunkt früher aus dem Leben zu gehen. Entweder weil sie vielleicht feststellt, dass der Lernweg, den sie eigentlich gehen wollte, nicht mehr zu beschreiten ist, sie also sozusagen – wenn ihr es auf ein Spiel umlegt – zurückgeht auf „Los" und das Spiel neu beginnt. Oder sie hat sich bereiterklärt, für andere JETZT aus

Lehrergründen zu gehen. Oder, und auch das ist möglich, dass eine Seele einfach sagt: „Ich habe keine Lust mehr, ich will nach Hause zum Vater“, auch wenn sie dann bei der nächsten Inkarnation selbstverständlich das angepeilte Lernziel erneut angehen muss, und das meistens unter erschwerten Bedingungen.

Also, ihr geliebten Menschen, die ihr hier auf der Erde als zurückgebliebene Eltern, Ehepartner oder Geschwister solch eine Situation zu bewältigen habt: Erkennt, dass ihr als spirituell Gebildete, als Wissende, eine bessere, eine leichtere Möglichkeit habt, mit diesem Schmerz und dieser Trauer umzugehen als ein Mensch, der eine Inkarnation lebt, die fernab ist von jedem spirituellen Wissen, bar jeder religiösen Überzeugung, die also in einer gänzlich, wie ihr sagt, „atheistischen Lebensweise“ davon ausgeht, dass mit dem Beenden dieses einen Lebens **alles** abgeschlossen ist. Wer solch einen Lebensweg gewählt hat – ein Leben in der spirituellen Unwissenheit, in der Überzeugung „nachdem dieser Körper gestorben ist, kommt nichts mehr“ –, der hat natürlich große Schwierigkeiten, mit dem Tod, mit dem Beenden des Lebens in diesem Körper, umzugehen. Wenn ihr auf solche Menschen trefft, bedürfen diese eurer besonderen Zuneigung, eures Trostes und eurer bedingungslosen Liebe. Aber auch hier hütet euch wie immer: Geht nicht ins Mitleid, sondern bleibt im Mitgefühl.

Versteht, dass diese Menschen anders leiden, anders mit ihrem Schmerz, ihrer Trauer umgehen, als ihr als spirituell wissende Menschen dazu in der Lage seid. Spirituelle Entwicklung bedeutet, Wissen zu leben, sich Wissen anzueignen, bestimmte Zusammenhänge zu verstehen, das, was man verstanden hat, für sich persönlich zu sortieren, zu gewichten, zu werten, und daraus die Erkenntnis zu ziehen, wie man zukünftig bestimmte Dinge lösen, wie man leben und dementsprechend handeln will, also diese Überzeugung, dieses Wissen zu leben. Manchmal sind es aus eurer Sicht relativ kleine und einfache Dinge, die noch geübt werden wollen beziehungsweise müssen, die noch nicht aus der Tiefe des Herzens, aus der Zentrierung in bedingungsloser Liebe heraus gelebt werden können. Oder es sind gravierende Dinge, die sich fest eingeprägt haben in euer System, die ihr verändern wollt. So, wie ihr als Seele eure Aufgabenstellungen gewählt habt, ist euer Lernweg. Je nachdem, wie ihr als Seele mit dem bisher Erreichten zufrieden seid, ist der Weg, auf dem ihr fortschreitet.

Um es noch einmal in aller Deutlichkeit zu sagen und euch auch diese Ängste zu nehmen: NEIN!, es ist nicht notwendig, um spirituell zu wachsen, ein Kind zu Grabe zu tragen, frühzeitig Witwe oder Witwer zu werden, Eltern, die einen langen Sterbeprozess haben, über diese „elendige Zeit" zu begleiten. Es ist nicht notwendig, jahrelang im Koma zu liegen. Es ist zum spirituellen Wachsen nicht nötig, sich bei einem Unfall das Rückgrat zu brechen, um im Rollstuhl zu sitzen. Es besteht überhaupt keine Notwendigkeit dafür, keine zwangsläufige Notwendigkeit, großes Leiden auf sich zu nehmen. Dass doch immer wieder dieser Eindruck entsteht, hat damit zu tun, dass viele von euch geliebte Seelen sich in ihrer Denkweise, in ihrer Lebensweise, in ihrem Handeln erst dann hinterfragen und verändern, wenn massive Schicksalsschläge sie dazu zwingen. Es gibt in eurer lehrenden Literatur mehrfach diesen wunderschönen einfachen Satz: *Ihr habt die Möglichkeit zu lernen, durch Erkenntnis oder durch Schmerz!* Die meisten Menschen entscheiden sich, erst durch Schmerz den Weg der Erkenntnis zu suchen.

Geht also frohen Mutes euren Weg der Inkarnation, habt keine Angst, fürchtet euch nicht. Das sagen wir euch immer wieder, denn wir alle, meine Engel, meine Engelheerscharen, die Aufgestiegenen Meister der Weißen Bruderschaft und alle anderen Wesenheiten, die der Vater geschaffen hat, sind an eurer Seite und stehen zu eurer Unterstützung bereit. Geht euren Weg der Evolution. Geht euren Weg des Aufstiegs. Geht ihn ruhig und mit Bedacht. Denn wenn ihr ruhig und mit Bedacht voranschreitet, ist ein massives „Stopp-Signal“ nicht notwendig. Wenn dieses Signal aber doch in eurer Lebensbahn auftaucht, nehmt es an.

Geht in euren Schmerz, geht in eure Trauer und ersucht mich, und dort, wo es um Schmerz und Trauer geht, vor allen Dingen Erzengel Gabriel um Unterstützung. Er ist zuständig für die Emotionen, und somit ist er der größte Helfer in Situationen, in denen ihr Schmerzen und Trauer überwinden wollt und müsst. Es ist seine Aufgabe, also bittet ihn um Unterstützung, und er wird sie euch gewähren, das ist versprochen.

Gott zum Gruße, Metatron.

***

Dein Universum – Was ist das?
(Serapis Bey, im Auftrag von Metatron)

Ihr seid das Zentrum eures Universums. Ich, Serapis Bey, bin der Hüter der Flamme des Aufstiegs im Tempel des Aufstiegs – ein Tempel in den feinstofflichen Welten, in dem ihr beziehungsweise eure Seele fast jede Nacht erscheint, um unter anderem Energien, die ihr nicht mehr benötigt, in die Flamme und somit in einen Transformationsprozess zu geben, damit diese aufgelöst werden können, gewandelt in nichtgeprägte Energien, die euch beziehungsweise anderen Wesenheiten dann wieder zur Materialisierung zur Verfügung stehen.

Ja, ihr seid das Zentrum eures Universums. Ihr seid gespeist von göttlichem Licht. Ihr seid geboren aus einem Funken göttlicher Energie. Ihr seid eine Existenz als inkarnierter Mensch auf der Erde, in einem feststofflichen Körper, der euch von Mutter Erde ermöglicht wurde. Und dieser feststoffliche Körper wird gespeist durch den Geist, gefüllt durch die unsterbliche Seele. Diese unsterbliche Seele ist Energie, die nicht verletzt werden kann und niemals stirbt, im Gegensatz zu eurem feststofflichen Körper. All das, der feststoffliche Körper, aber vor allen Dingen eure Seele, eure feinstofflichen Welten, ergeben gemeinsam als Gesamtbild euer Universum.

Euer Universum ist das Haus, in dem ihr wohnt, der Garten, in dem ihr wandelt, der Park, in dem ihr spazieren geht, der See, in dem ihr badet, das Restaurant, in dem ihr speist, der Platz, an dem ihr arbeitet, die Familie, die Freunde, die Urlaubsländer. Alles, was ihr kennt und zu eurer bewussten Welt zählt, ist euer Universum. Außerdem gehört zu eurem Universum auch alles, was ihr nicht unbedingt mit dem unmittelbaren Bewusstsein erfasst. Die Projektionen, die ihr in die Zukunft gerichtet habt, was ihr in die Manifestation gegeben, was ihr euch als Lernaufgaben vorgenommen habt, was ihr wisst und erspürt.

Das Reich der Planeten, der Mond, die Sonne, die Milchstraße, das Universum – soweit ihr Menschen es bisher kennt und versteht – weit darüber hinaus geht euer ureigenes, persönliches Universum, eure Welt, in der ihr lebt. Ihr seid derjenige/diejenige, der/die diese Welt erschafft, ihr habt kreative Kräfte, ihr seid Gott in Tätigkeit. Ihr kreiert in jeder Sekunde die Impulse in eurem Universum neu. Alles, was euer Leben ausmacht, wird von euch gesteuert und letztendlich von euch mit Energie versorgt, in die Manifestation gegeben und so erschaffen.

Ihr seid kreative, erschaffende Wesen, ihr seid Gott in Tätigkeit. Ihr erschafft eure Welt. Diese Welt, so, wie ihr sie kennt, sie erahnt, sie euch denkt, sie vielleicht „glaubt" oder wisst. Sie ist das Produkt eurer Seele, eurer Gedanken, eures Willens. Sie ist das Produkt eurer Taten. Sie ist auch das Produkt eurer „Nicht-Taten", eurer Unterlassungen. Alles, was um euch herum passiert, ist von euch gesteuert.

Dass es auf dem Planeten keinerlei Leben gibt, keine einzige Form von Leben existieren kann ohne das Licht der Sonne, ist euch inzwischen bewusst. Wenn jemand den großen „Schalter" umlegen würde, und es würde keine Sonne mehr in eurem System existieren, würde das Leben auf der Erde innerhalb kürzester Zeit erlöschen. Keine Ameise und kein Vogel, kein Reh und kein Schmetterling, keine Pflanze, kein Regenwurm und schon gar kein Mensch könnte existieren ohne das Licht der Sonne. Die Sonne, der zentrale Stern in eurem Universum, in eurem Weltbild, ist nicht nur das ausdrucksstarke Bild des Vaters, die Sonne repräsentiert seine bedingungslose Liebe, die Energie, die auf diesem Planeten Erde alles am Leben erhält.

So, wie die Sonne die zentrale Energiequelle für das Gesamtsystem Erde ist, ist eure innere Flamme, euer inneres Licht, die zentrale Sonne die zentrale Energiequelle eures Universums. Ihr habt in euch göttliches Licht, ihr tragt in euch den Lichtkörper, ihr könnt euer Licht scheinen lassen. Und viele Menschen, die bewusst auf dem spirituellen Weg wandeln, sind sich dieser Tatsache bewusst, dass sie nicht nur Licht repräsentieren, sondern Licht scheinen lassen, dass ihr Licht dunkle Ecken erhellt. Es tauchen immer wieder Aussagen auf in Texten, Meditationen oder Gesprächen: „Du bist ein Leuchtturm. Lass dein Licht auch in der Dunkelheit strahlen. Lass dein Licht scheinen, damit andere dich erkennen“, usw. Was bedeutet das aber eigentlich im Klartext?

Aus euch heraus, aus eurer Mitte, aus dem Zentrum eures Universums, aus der Mitte eures Herzchakras pulsiert unablässig euer Licht, eure Energie. Euer zentraler Lichtfunke ist die Energiequelle für euer Universum. So, wie die Sonne permanent Licht auf die Erde strahlt, strahlt ihr aus der Mitte eures Herzchakras unablässig Licht in **euer** Universum. Wenn euer Licht nicht scheint, wird es in eurem Universum dunkel. Wenn euer Licht hell erstrahlt, ist es in eurem Universum strahlend hell. Wenn euch das bewusst ist, müsstet ihr eigentlich ständig darum bemüht sein, nicht nur dieses Licht scheinen zu lassen, dieses Licht in seiner Klarheit zum Ausdruck zu bringen, ihr müsstet auch ständig bemüht sein, dafür zu sorgen, dass dieses Licht so hell und klar, wie es pulsiert und aus euch heraus scheint, auch in euer Universum strahlen kann.

Macht euch einmal klar, dass die Mitte eures Herzchakras wirklich das Zentrum eures Universums ist. Von hier pulsiert also unablässig Energie, Licht, bedingungslose

Liebe. Dieses Licht ist tatsächlich die bedingungslose Liebe. Ich liebe alles und jeden so, wie er ist. Das ist doch das Ziel, der Weg des Aufstiegs, den ihr Menschen euch vorgenommen habt beziehungsweise ihr Seelen, die ihr als Menschen inkarniert seid. Ziel ist es, in der Zukunft zu erreichen, vierundzwanzig Stunden am Tag unablässig bedingungslose Liebe leben zu können. Der Weg dahin ist lang, steinig, voller Tücken und Nuancen, die ihr bearbeiten müsst. Aber eins muss euch vom System her klar sein: All diese Dinge, die ihr bearbeiten wollt, sind eingelagert in euren Auraschichten. Jedes Quäntchen Wut, jedes Quäntchen Zorn, jedes Quäntchen Neid, Hass, Hochmut, was auch immer euch einfällt an langwelligen Energien, ist eingelagert in euren Auraschichten. Letztendlich in allen sieben. Aber das ist im Moment noch nicht so wichtig.

Habt ihr wirklich verstanden, was ich sagen will? Diese Energiefelder – zum Beispiel Neid, Hass, Wut, Armutsgedanken, mangelnde Selbstliebe – sind langwellige Frequenzen, Energien. Langwellige Energien sind lichtundurchlässiger als hochfrequent schwingende Energien. Eisen hat eine sehr langwellige Energiefrequenz, dünnes Papier eine sehr hohe. Also braucht ihr, das ist euch klar, viel Energie, um etwas durch Eisen hindurchdringen zu lassen, Schall zum Beispiel oder einen Nagel. Um durch dünnes, fast durchsichtiges Papier hindurchzukommen, braucht ihr wesentlich weniger Energie. Wenn ihr Licht durch eine

Eisenplatte senden wollt, müsst ihr dieses Licht bündeln, zu einem Laser werden lassen, und dann könnt ihr mit diesem Laserstrahl das Eisen aufweichen. Durch ein dünnes Blatt Papier kann Licht durchdringen, ohne dass das Papier beschädigt werden muss.

Genauso verhält es sich mit den Einlagerungen in euren Auraschichten. Je massiver diese Energien sind, je langwelliger sie sind und, vor allen Dingen, je größer in der Masse, je mehr Wut, je mehr Zorn, je mehr Neid, je mehr mangelnde Selbstliebe dort vorhanden ist, desto dichter ist dieses Energiefeld. Und je dichter dieses Energiefeld ist, desto schwerer fällt es euch, von innen heraus, aus dem Zentrum eures Herzens, das Licht nach außen in euer Umfeld und in euer Universum strahlen zu lassen.

Stellt euch vor, das Licht in eurem Herzen wäre eine Taschenlampe, und die sieben Auraschichten um euch herum wären so etwas wie Fensterscheiben. Je schmutziger diese Fensterscheiben sind, desto weniger Licht dringt von der Taschenlampe bis durch die letzte „Auraschicht-Fensterscheibe" hindurch. Also, ihr lieben Menschen, versteht, dass es Zeit ist zu begreifen, dass ihr euch um euch kümmern müsst. Ihr müsst lernen, eure „Fensterscheiben" zu putzen. Ihr müsst lernen, eure Aura zu reinigen. Ihr müsst lernen, an euch zu arbeiten. Nur wenn ihr an euch arbeitet und euren Neid, euren Mangel an Selbstliebe, eure nicht vorhandene Wertschätzung euch selbst gegenüber bearbeitet, wenn ihr euch mit eurem Zorn und der verkappten Wut auseinandersetzt, wenn ihr ergründet, warum ihr manche Menschen nicht lieben könnt, was sie euch entgegenbringen und welchen „Knopf“ sie drücken, nur dann kann euer Licht wirklich von innen nach außen scheinen. Je mehr ihr euch damit beschäftigt, was außerhalb eures Universums passiert, je mehr ihr also die Saturnringe putzt oder die Sterne der Plejaden zählt, je mehr ihr euch damit beschäftigt, ob im Nirwana genug Kerzen vorhanden sind oder ob Buddhas Geburtstag im Wesak-Tal ordentlich gefeiert wird, desto mehr lenkt ihr euch von euch selbst ab.

Das, was ich gerade angesprochen habe: die Ringe des Saturn, Buddhas Geburtstag, Nirwana… beantwortet euch selbst die Frage: Was bringt es euch, wenn ihr das wisst? Was nutzt es euch auf eurem Aufstiegsweg, auf dem Weg eurer Evolution? Wenn ihr die Zeit, die ihr damit zubringt, diese Fragen zu ergründen, aufwendet, um euch um euch zu kümmern, um eure Aura zu polieren, an eurer Selbstliebe zu arbeiten, an eurer Wertschätzung, an eurer bedingungslosen Liebe euch selbst und anderen Wesenheiten gegenüber, desto schneller erreicht ihr euer Ziel. Macht euch klar, wo ihr euch ablenkt, ablenken lasst, und, vor allen Dingen: warum? Das ist eine spannende Frage.

Warum weicht ihr immer wieder ab von dem, was eigentlich für euch wirklich sinnvoll ist? Warum weicht ihr immer ab auf Nebenschauplätze? Es hat häufig etwas mit eurem mangelnden Selbstwert zu tun. Ihr vertraut anderen Menschen, die euch sagen, was für euch gut ist, und ihr verkennt dabei eure eigene Gewichtung.

Ihr geliebten Menschen, lernt, euch zu zentrieren, lernt, euch auch feinstofflich zu reinigen, lernt, eure Auraschichten sauber zu halten. Dann kann euer Licht ungehindert von innen nach außen dringen. Wenn ihr lernt, eure Auraschichten zu reinigen, lernt ihr auch, dass das Licht nicht nur ungehindert von innen nach außen kann, sondern auch die feinen, kleinen, zarten Informationen von außen leichter nach innen gelangen können. Je mehr ihr euch mit der Pflege eurer feinstofflichen Körper beschäftigt, desto schneller bekommt ihr klare Impulse aus dem Universum durch eure Auraschichten in euer System.

Es ist doch eigentlich ganz einfach. Wenn ihr eine Scheibe putzt, kann das Licht von innen leicht nach außen, und von außen kann ich leicht nach innen leuchten, schauen, Informationen schicken. So viele von euch wünschen sich, ihren Führungsengel direkt verstehen und klar mit ihm kommunizieren zu können. Prima – dann sorgt dafür, dass die Kommunikation auch möglich ist, sorgt dafür, dass eure sieben „Fensterscheiben“ sauber und geputzt sind. Dann kann euer Engel von außen auch leicht Morsezeichen per Licht senden, und ihr könnt diese Lichtimpulse empfangen. Wenn eure Scheiben schmutzig sind, wenn sie verklebt sind mit Neid und Hochmut, wenn sie undurchsichtig sind durch den Staub von Hass und Zorn, dann kann euer Führungsengel draußen mit einer riesengroßen Taschenlampe stehen, die Informationen werden nur ganz schwer zu euch durchdringen.

Wer klar ist in seinen Auraschichten, der kann auch die Impulse von außen leicht aufnehmen. Und wer die Impulse von außen leicht aufnehmen kann, wird immer spüren, dass die bedingungslose Liebe des Vaters ihm in unendlichem Maße zur Verfügung steht und immer an seiner Seite ist. Wer in der Lage ist, die Impulse von außen klar und deutlich zu vernehmen, weil er sich um die Reinigung seiner „Fenster" kümmert, der kann jederzeit leicht die Impulse seines Schutzengels, seines Führungsengels, seines Sonnenengels, der Aufgestiegenen Meister der Weißen Bruderschaft und aller anderen Wesenheiten wahrnehmen, die zu seinem Team gehören und an seiner Seite stehen, um mit ihm gemeinsam den Weg des Aufstiegs der Evolution zu gehen.

Elfen und Naturgeister sind sehr feine Wesen – wer mit ihnen in Verbindung kommen will, braucht eine klare Aura, denn die Elfen haben nicht die Kraft, durch schmutzige Fensterscheiben zu leuchten. Wer feine Impulse aus den Universen seiner Mitmenschen spüren und wahrnehmen will, der braucht eine sensible Aura – eine sensible Aura ist eine hochfrequent schwingende Aura –, und in einer hochfrequent schwingenden Aura sind keine langwelligen Energiefelder verankert.

Ich sage es noch einmal in aller Deutlichkeit: Kümmert euch um euch. Arbeitet an eurem Aufstieg. Arbeitet an euren Energiefeldern. Seid euch selbst das Wichtigste. Erkennt, was dahintersteckt, wenn es heißt: Liebe deinen Nächsten wie dich selbst! Genau! Wie dich selbst!

Geliebter Mensch: Liebe dich selbst!
Geliebte Seele: Erkenne, liebe dich selbst!

Geliebte Seele, beachte: Du wirst nicht gestraft, sondern geliebt. Du brauchst keinen Anforderungen zu genügen, geliebte Seele. Lege auch du dir deine Messlatte nicht zu hoch. Liebe dich selbst! Und so, wie du dich selbst liebst, bist du dann in der Lage, alle anderen Menschen **bedingungslos** zu lieben. Liebe, die an Erwartungen und Bedingungen geknüpft ist, ist leicht. Die bedingungslose Liebe zu leben, das ist es, worum es geht, das ist es, was ihr Menschen euch vorgenommen habt für diesen Aufstieg hier auf der Erde. Also lernt, euch zu lieben. Und wenn ihr euch liebt, dann könnt ihr auch bedingungslose

Liebe nach außen tragen. Nur das, was ihr in euch wirklich verankert habt, könnt ihr nach außen geben. Das, was ihr nicht habt, könnt ihr nicht geben. Das ist ein ganz einfaches physikalisches Gesetz.

Ihr geliebten Menschen, ich danke euch, dass ich zu euch sprechen durfte, dass ihr mir eure Zeit und Aufmerksamkeit gewidmet habt. Seid gesegnet. Und seid versichert, wir sind immer an eurer Seite – wir alle aus der Weißen Bruderschaft, aus dem Reich der Engel, aus dem Reich der Naturwesenheiten und der Wesenheiten, die ihr vielleicht noch gar nicht erahnt.

Seid gesegnet.
Gott zum Gruße, Serapis Bey.

Die Kraft des Gebets und des Segnens
(Mutter Maria, im Auftrag von Metatron)

Liebe Freunde, Gott zum Gruße. Ihr seid göttliche Wesen, mit dem Funken des Vaters ausgestattet, und somit seid ihr kreativ erschaffende, manifestierende Wesenheiten. Manifestation beginnt mit der Kraft der Gedanken. Das heißt, wenn ihr eure Gedanken in eine bestimmte Richtung lenkt, setzt ihr damit die nicht geprägten Energieteilchen in Bewegung und gebt ihnen den Auftrag, sich so zu bündeln, dass das, was ihr in die Manifestation bringen wollt, Gestalt annimmt. Dieses im Prinzip sehr einfache Vorgehen arbeitet immer.

Bedenkt bitte immer, dass Gesetzmäßigkeiten des Universums entweder immer gelten oder nie. Und so könnt ihr diese Kraft in eurem täglichen Leben einsetzen. Es ist die einfachste Möglichkeit, eure Nahrungsmittel, eure Speisen und Getränke, energetisch aufzuwerten, indem ihr sie in die Hand nehmt und segnet, indem ihr das sprecht, was früher Tischgebet hieß. Es ist nach wie vor die gleiche Kraft, die wirkt, wenn ihr eure Hände an den Tellerrand legt und ein Gebet, eine Segnung sprecht.

Ihr könnt das Gemüse, bevor ihr es putzt und reinigt, zurechtschneidet, insgesamt durch euer Licht anreichern, durch euer Licht aus der Zentrierung heraus bestrahlen und energetisch aufwerten, sodass die von euch abgeschälten Überreste später auch im Kompost, oder wo auch immer ihr die Abfälle entsorgt, ihre Kraft entfalten können. Denn selbstverständlich nehmen auch die Kartoffelschalen, Karottenschalen, Sellerie- und Kohlrabi-Blätter diese segnenden Energien mit auf ihrem Weg des Zerfalls. Seid euch darüber im Klaren, wie einfach es ist, wenn ihr die Gesetze des Alls beherrscht, sie berücksichtigt und, vor allem, **anwendet.**

Jedes Glas Wasser, das ihr trinkt, kurz in der Hand gehalten, bestrahlt mit dem Licht aus dem Zentrum eures Herzens und bedacht mit segnenden Worten, ist aufgewertet in seiner Kraft, ist gereinigt von schädlichen Beimengungen beziehungsweise so bearbeitet, dass die Bestandteile des Wassers eurem Körper nicht mehr schaden. Ihr könnt in jeder Autobahnraststätte, in jeder Imbissbude und in jedem noch so feinen Restaurant dezent euer Essen segnen, ohne großes Aufsehen und Effekthascherei. Hier könnt ihr immer euer Licht einsetzen, die in euch wohnende göttliche Kraft zum Strahlen bringen und nutzbringend für eure Gesundheit, für euren Weg des Aufstiegs einsetzen. Diese stärkende, diese segnende, diese mit positiven Energien arbeitende Kraft für euren Aufstieg, für euer energetisches, für euer feststoffliches und feinstoffliches System wohnt immer in euch. Sie ist immer Bestandteil eures feinstofflichen und feststofflichen Körpers, nur leider ist sie nicht immer Bestandteil eures bewussten Denkens und Handelns. Ihr trainiert so viele Dinge, so viele großartige Schritte. Konzentriert euch doch einmal auf diese simplen Dinge, die euch im normalen täglichen Leben eine Sekunde eurer Zeitrechnung kosten, aber einen hohen Wert für eure Gesundheit, euer Wohlbefinden und euer gesamtes System haben.

Nach dem gleichen Prinzip, wie die Aufwertung eurer Nahrungsmittel arbeitet, könnt ihr eure heilenden und segnenden Kräfte an jedem Punkt der Welt einsetzen, den ihr erreichen wollt. Es ist euch jederzeit möglich, in einem stillen Moment ein Gebet zu entsenden, einen Segen zu sprechen, liebevolle Gedanken auf die Reise zu schicken, zum Beispiel um die Überlebenden eines Terroranschlags, eines großen Unglücks oder auch eines Trauerfalls im kleinen Kreis zu trösten, ihnen Kraft, Liebe und Energie zu senden. Es ist nicht notwendig, dass ihr euch erst verabredet, um einen großen Kreis von Menschen, denen ihr liebevolle, unterstützende Signale senden wollt, zu erreichen. Ihr könnt selbst auf dem Parkplatz vor dem Kaufhaus einen liebevollen, lichtvollen, tröstenden Gedanken senden. Ihr könnt jedem befreundeten Patienten einen liebevollen, lichtvollen, kraftvollen Gruß senden, von jedem Fleck auf dieser Erde, zu jeder Tages- und Nachtzeit. Ihr müsst es nur tun. Und genauso ist es euch möglich, zu jeder Zeit Kontakt aufzunehmen zum Vater, zu Mutter

Erde, zu den euch begleitenden Engeln und auch zu eurem Höheren Selbst.

Ihr könnt euch in die Stille begeben, euch auf eine euch geläufige Art erden, und falls ihr nicht wisst, was mit Erden und Zentrieren gemeint ist und das erst noch lernen müsst, geht einfach in die Stille, setzt euch im Wald auf einen Baumstumpf, geht in eine Kirche, setzt euch auf eine Parkbank, lehnt euch mit dem Rücken an einen mächtigen Baum oder benutzt einen Stein am Ufer eines Baches oder Flusses, versenkt euch in euch mit euren Gedanken, und dann wendet eure Gedanken bewusst dem zu, mit dem ihr jetzt sprechen wollt.

Ihr könnt dem Vater jederzeit eure Wünsche, Gedanken, Sorgen und Nöte mitteilen, ihr könnt jederzeit um Unterstützung, Hilfe, Ruhe, Kraft, Klarheit, Einsicht und Erkenntnis bitten. Es wird immer die Energie, die ihr mit dieser Bitte entsendet, den richtigen Adressaten erreichen. Lernt, die richtigen Formulierungen zu finden, lernt vor allen Dingen zu verstehen, dass die Geistige Welt euch gerne unterstützt, gerne an eurer Seite ist, aber immer unbedingt euren freien Willen respektiert. Ohne eure Bitte um Unterstützung für dieses oder jenes Projekt, bei diesem oder jenem Schmerz wird die Geistige Welt von sich aus nicht einschreiten. Steuernde Maßnahmen, die ihr als „Schicksal“ betrachtet, werden im Zweifelsfall von eurem

Höheren Selbst initiiert, damit ihr als Seele weiterhin auf dem Weg schreitet, den ihr euch ausgesucht habt, um das Lernziel dieser Inkarnation nicht aus den Augen zu verlieren und es weiterhin anzustreben.

So will ich euch noch einmal sagen: Jeder Gedanke, den ihr entsendet, hat Kraft, Power und Macht. Und jedes von euch gesprochene Wort hat um ein Vielfaches mehr Kraft und Macht als jeder Gedanke. So ist es also durchaus sinnvoll, sich an einen Ort zu begeben, an dem ihr nicht auffallt, wenn ihr eure Wünsche, Gedanken oder Bitten laut formuliert. Mit „laut" meine ich ausdrücklich, sie müssen verständlich artikuliert eure Lippen verlassen. Ein Flüstern, das klar und deutlich artikuliert ist, ist auch ein laut ausgesprochenes Wort. Ihr müsst nicht brüllen und schreien, sondern nur dafür sorgen, dass die Energie dieses Wunsches vernehmlich eure Lippen verlässt. Diese ausgesprochene Energie ist um ein Vielfaches stärker als die Energie der Gedanken. Das ist auch der Grund, warum Fürbitten um Heilung, Trost oder Unterstützung in der Regel in Gruppen laut formuliert werden. Sie haben eine starke Wirkung.

Wenn ihr also in der Lage seid, an einem stillen Ort eure Gedanken oder Wünsche laut zu formulieren, dann tut es. Wenn ihr in einer Situation seid, in der das nicht möglich ist, dann benutzt die Kraft eurer Gedanken, eure Wünsche, Anregungen und Bitten ins Universum zu senden. Ihr geliebten Menschen, ihr inkarnierten Seelen auf der Erde, bitte benutzt auch diese einfachen Dinge, um euren täglichen Weg des Aufstiegs zu begleiten und zu gestalten. Seid euch darüber im Klaren, wie effizient und kraftvoll das ist, eure beziehungsweise die Bedürfnisse eurer Seele kundzutun und in die Manifestation zu bringen.

Vergesst die einfachen Dinge wie Gebete, Fürbitten und Segnungen nicht. Seid euch der Kraft eurer Gedanken und eurer Worte zu jeder Zeit bewusst, denn wenn euch gerade diese Kraft jederzeit bewusst ist, hilft es euch auch dabei, nicht nur die Worte, die ihr sprechen wollt, klar und deutlich zu formulieren, sondern auch – und das ist mindestens genauso wichtig –, die Worte, die ihr nicht aussprechen wollt, auch nicht laut und deutlich zu formulieren. Das gesprochene Wort ist wie eine Feder im Wind, es wird euch niemals gelingen, es wieder einzufangen. Also überlegt euch immer sehr genau, geliebte Menschen, welche Worte ihr über eure Lippen in euer Universum sendet, entlasst.

Ich bin Mutter Maria. Ich bin die Kraft, die das Mütterliche in eurem System stützt und führt. So sende ich dir explizit aus meinem mütterlichen Herzen alle segnende Energie des Universums, alle heilende Energie, zu der ein Mutterherz fähig ist.

Sei gesegnet, Maria.

Die Kraft der Emotionen (Metatron)

Ihr Lieben, schaut euch eure Welt an. Es gibt Zeiten, in denen über einen längeren Zeitraum sehr wenig Regen fällt, es also heiß und trocken ist und ihr euch über all die Sonnentage freut, die ihr genießen könnt. Sie haben aber auch für Menschen, die von dem Ertrag der Erde direkt leben, wie Landwirte, Gärtner usw., eine Schattenseite. Sie müssen viel gießen, bewässern oder, wo das nicht möglich ist, um ihre Ernte bangen.

Ihr wisst, dass Wasser in eurem System der Erde ein Symbol für Emotionen ist. Habt ihr also ein sehr trockenes halbes Jahr hinter euch, war es eine Zeit, in der viel Emotion gefehlt hat – die Emotion in all ihren Schattierungen. Einige werden jetzt vordergründig denken, es hätte nur die Liebe gefehlt. Nein, nicht nur die Liebe hat gefehlt, sondern auch gelegentlich mal der Unmut, um nicht zu sagen, der Zorn oder der Ärger. Wenn euch etwas ärgert, dann ist das doch ein Signal dafür, dass ihr euch mit diesem Thema auseinandersetzt und schaut, was euch jetzt so ärgert.

Was müsst ihr verändern? Was wollt ihr verändern? Was wollt ihr besprechen? Was wollt ihr kommunizieren? Auch die Energie, die von euch immer wieder als „negativ" belegt ist, hat ihren Zweck. Wenn ihr auf den Ärger reagiert, entstehen erst gar keine Wut und kein Zorn. Anders gesagt: Viele Menschen in eurem Umfeld sind sehr gleichgültig. Nicht gleichmütig, leichtmütig, gelassen, achtsam, bedachtsam, sondern **gleichgültig.** Sie verfolgen nicht, was in ihrem Umfeld geschieht. Sie lesen nicht die Zeichen, die ihnen signalisieren, was in ihrem Universum passiert. Auch das ist Abwesenheit von Emotion. Wenn ihr also einen Winter hinter euch habt mit wenig Schnee, ein Frühjahr mit wenig Regen, einen sehr trockenen Sommer, dann war in diesen Monaten einfach wenig Flüssigkeit in eurer Atmosphäre, in eurem Universum, in eurem Umfeld. Und das ist ein Ausdruck dafür, dass sich in dem Umfeld, in dem ihr lebt, sehr wenige Emotionen aufhalten, sehr wenig Emotionsenergie vorhanden ist, eben Gleichgültigkeit.

Gleichgültigkeit kann man sicherlich auch als Emotion betrachten, aber eigentlich ist es eine Emotionslosigkeit. Wer gleichgültig ist, hat keine Freude. Wer gleichgültig ist, hat kein Interesse an irgendeinem Vorgang in seinem Umfeld, bei dem er Mitgefühl oder Mitleid einbringen kann. Er nimmt die Gelegenheit nicht wahr, den Unterschied zwischen Mitgefühl und Mitleid herauszufinden und dementsprechend zu reagieren. Er nimmt die Emotion der Selbstliebe nicht wahr, zum Beispiel für Spaß und Freude, und er bemerkt auch nicht, dass irgendetwas in seinem Umfeld passiert, was ihn eigentlich ärgert, weil es ihm missfällt, Dinge zu verändern, sondern er versteckt sich wie ein kleines Kind unter der Bettdecke und glaubt, keine

Emotionen auszuleben wäre ein Ausdruck von Stärke und Kraft. Keine Emotionen zu haben, weil ich sie verstecke, ist kein Ausdruck von Stärke oder Kraft, sondern, wenn ihr so wollt, ein Ausdruck von „Feigheit", um dieses Wort einmal zu benutzen. Seine Emotion zu verstecken ist ein Ausdruck von Mutlosigkeit, von mangelnder Selbstliebe, die ja dafür sorgen würde, für seine Interessen einzustehen. Mangelndes Interesse an dem, was im Umfeld passiert, ist aber auch ein Verkennen der eigenen Größe. Feigheit und Mutlosigkeit sind ja das Ergebnis, wenn jemand sich nicht zutraut, etwas zu verändern, was ihm missfällt oder ihn ärgert.

Wenn ihr euch also einmal diese fehlenden Emotionen anschaut, stellt ihr fest, es sind keine *fehlenden*, sondern *versteckte* Emotionen. Sie werden irgendwo gehortet, gebunkert, vergraben. Es wird unweigerlich der Zeitpunkt für jeden einzelnen Menschen kommen, an dem das Depot für diese Emotionen so gefüllt ist, dass er diesem keine weiteren Emotionen mehr hinzufügen kann. Es wird so unter Druck stehen, dass es sich mit einem lauten Knall, fast wie bei einer Explosion, Raum verschafft und an die Oberfläche tritt. Das sind dann die sonst friedfertigen Menschen, die plötzlich explodieren und aggressiv werden, um sich schlagen oder möglicherweise tatsächlich in einem Amoklauf andere Menschen verletzen oder gar töten, um dieser unterdrückten Wut, diesem Zorn, diesem Missfallen Ausdruck und Raum zu verleihen.

Es gibt so viele Dinge, die in eurem Umfeld passieren, die euch mit leichten Stupsern immer wieder auffordern, aus der Selbstliebe heraus in die Kommunikation zu gehen und darauf hinzuwirken, dass Dinge, die euch nicht gefallen, sich verändern. Reagiert doch einmal auf gekränkte Eitelkeit! Nehmt wahr, dass eure Eitelkeit verletzt ist und verdrängt es nicht einfach! Nehmt wahr, wenn ihr euch missachtet und nicht genug gewürdigt fühlt und bringt das zum Ausdruck! Nehmt wahr, wenn ihr glaubt, übersehen zu werden, und meldet euch dann „in Liebe“! Macht euch bemerkbar! Meldet eure Wünsche, Ansprüche, Gedanken und Bedürfnisse an!

Ich will euch sagen, dass Emotionen bei euch als inkarnierte Seelen **immer** vorhanden sind. Auch wenn ihr glaubt, sie nicht auszuleben wäre ein Weg, sind sie trotzdem da. Wer sich in einem strömenden Regenguss in einer Höhle versteckt und meint, bloß weil es dort nicht regnet, würde auch draußen die Sonne scheinen, irrt sich. Es regnet trotzdem. Habt den Mut, euch nach und nach mit euren Emotionen auseinanderzusetzen! Habt den Mut, diese Emotionen anzuerkennen! Habt den Mut, eure Wünsche zu äußern, wenn sich etwas verändern soll – am Arbeitsplatz, bei euren Eltern, Geschwistern oder auch in der Beziehung zu eurem Partner. Wenn ihr eure Emotionen versteckt, sie deckelt, kann euer Umfeld auf diese normalerweise nicht reagieren. Denn Emotionen, die nicht zum

Ausdruck gebracht werden, können in eurem Universum keine Resonanzschwingung verursachen. Macht euch auch klar, dass der Standpunkt: „Wenn mein Vater, mein Kind, meine Mutter, meine Oma, mein Arbeitgeber, mein Chef, mein Kollege mich lieben, sich für mich interessieren würden, dann müssten sie das doch merken, dann müsste er das doch merken..." Das ist ein Irrtum! Dadurch versucht *ihr,* eine Machtposition aufzubauen. Eine Machtposition aus Verweigerung, die das Gegenüber dazu bringt, sich auf eure Gedanken und Wünsche einzulassen.

Wie sagt ihr manchmal so schön: Dem oder der „muss man jeden Wurm aus der Nase ziehen." Das kostet euer Gegenüber unendlich viel Kraft und entspricht nicht der Liebe. Denn ihr fordert von dem anderen, dass er sich um eure Bedürfnisse kümmert, dass er sie erforscht, erarbeitet, erkundet, und damit übt ihr ihm gegenüber Macht aus. Geht in die Selbstliebe und formuliert das, was ihr gerne geändert haben wollt. Steht zu euren Emotionen, nehmt euren Ärger zur Kenntnis. Nehmt es zur Kenntnis, so, als wenn jemand an der Haustür klingelt. Wenn euch etwas ärgert, ist das nichts anderes als ein Signal. „Hallo, hier ist etwas, das beachtet werden möchte."

Ich möchte noch einmal ausdrücklich sagen: Wann immer von Emotionen die Rede ist, bedenkt, es geht um **alle** Emotionen und nicht nur um die Liebe, um die bedingungslose Liebe, das Verliebt-Sein, die Schmetterlinge im Bauch. Nein, Emotionen sind ALLES. Liebevolle, traurige, fröhliche, ärgerliche Gedanken. All das sind letztendlich Ergebnisse von Gefühlen. Lachen als Ergebnis eines fröhlichen Gefühls. Schmunzeln als Ergebnis eines Gefühls des Wohlbefindens. Ärger als Ergebnis eines Gefühl der Missachtung. Also schaut euch die Palette der Emotionen an und traut euch, eure Emotionen anzuerkennen, wahrzunehmen und euch dann damit auseinanderzusetzen.

Gott zum Gruße, meine Lieben,
Metatron.

❋ ❋ ❋

Der Unterschied von Zielstrebigkeit und Fanatismus

(El Morya, im Auftrag von Metatron)

Die Welt, in der ihr im Moment lebt oder, anders gesagt, die Zeit auf dem Planeten Erde, die *jetzt* gerade für euch sichtbar stattfindet, ist für viele Menschen geprägt von Fanatismus und Engstirnigkeit. Es gibt einen großen Unterschied zwischen zielstrebig, zielorientiert und auf der anderen Seite engstirnig, fanatisch. Immer wieder haben wir aus der Geistigen Welt versucht, euch zu erklären, dass es für euren Weg des Aufstiegs notwendig ist, in einer gewissen Konsequenz und Gradlinigkeit eure Ziele zu verfolgen. Aufgrund der vorgeburtlichen Vision habt ihr als Seele für diese Inkarnation beschlossen, was ihr als Lernziel in Angriff nehmen wollt. Ihr habt euch dafür verschiedene Mitstreiter ausgesucht und in welcher Region des Planeten Erde ihr inkarnieren wollt, damit auch diese Voraussetzungen stimmen. Ihr habt festgelegt, welcher Körper euch bei dieser Lernaufgabe am dienlichsten ist, und ihr habt nun begonnen, diesen Weg zu beschreiten, das Ziel anzuvisieren und loszumarschieren.

Viele von euch, die schon sehr lange auf dem Weg der Reinkarnationen durch viele Leben unterwegs sind, haben sich Möglichkeiten geschaffen, das Ziel, das sie anvisiert haben, zu umschiffen – Ausreden zu finden oder sonstige Gründe zu benennen, sich ihrem Ziel nicht zielstrebig, gradlinig zu nähern. Das Höhere Selbst sorgt dann irgendwann dafür, dass der Druck innerhalb dieses Lebens auf euch, auf euer Wohlbefinden als Seele in einem Menschen, so groß wird, dass ihr dann doch irgendwann anfangt, wirklich das Ziel anzugehen, an dem Problem zu arbeiten, die Aufgabe zu betrachten, das Ziel zu erreichen, eure Verhaltensweise zu ändern.

Zielstrebig – was heißt das?

Am leichtesten fällt es euch, wenn ihr in eurem Alltag nach Beispielen schaut, um Dinge zu verstehen und zu erkennen. Wenn ihr eine Reise plant, zum Beispiel von München nach Hamburg, dann schaut ihr euch die Straßenkarte an und überlegt euch den kürzesten Weg. Dann kann es sein, dass ihr sagt: „Auf dieser Strecke liegen links und rechts einige wunderschöne Orte, besondere Kraftplätze, Museen, Kirchen, botanische Gärten – Sehenswürdigkeiten, welcher Art auch immer –, und ihr beschließt, den direkten und kürzesten Weg an der einen oder anderen Stelle zu verlassen, um bestimmte Informationen mitzunehmen (einen botanischen Garten zu besuchen, in einem Museum vorbeizuschauen usw.). Ihr seid trotzdem zielstrebig und vergesst das Reiseziel niemals. Ihr habt immer im Blick, wo ihr hinwollt, und letztendlich auch immer vor Augen, zu welchem Zeitpunkt ihr das Ziel erreichen möchtet. Also habt ihr abgewogen zwischen Reisedauer und dem Wunsch, dieses Ziel möglichst bequem zu erreichen. Falls ihr wisst, wo man unterwegs gut Pause machen kann, um zu essen, dann nutzt ihr das. Wenn euch jemand einen besonders schönen Rastplatz oder einen kleinen See zwei Kilometer von der Autobahn entfernt empfohlen hat und ihr wollt diese Empfehlung annehmen, dann macht ihr das und fahrt dorthin, aber ihr habt trotzdem euer Reiseziel vor Augen. Das ist gradlinig, zielstrebig – ihr wisst genau, wo euer Ziel ist. Ihr verfolgt es, und auch wenn ihr zwischendurch eine kleine Auszeit nehmt, eine Pause macht, seid ihr trotzdem immer auf dem geraden Weg zu eurem Ziel.

Das Gegenteil von gradlinig und zielstrebig ist fanatisch, verbohrt, stur. In eurem Sprachgebrauch ist zwischen stur und fanatisch sicherlich noch ein Unterschied, aber das liegt nur an der unterschiedlichen Bedeutung, die ihr diesen Worten beimesst. Im Grunde genommen geht es dabei einzig und allein um den Punkt: „Ich will von München nach Hamburg auf dem geraden Weg, in schnellster Zeit, und ich walze alles nieder, was mir dabei im Weg steht." Ihr habt euch eine Reiseroute ausgesucht, und alles was sich euch in den Weg stellt, wird beiseite gescheucht. Es ist euch egal, ob links oder rechts wunderbare Seen, Kraftplätze oder andere schöne Dinge sind – sie werden ausgeblendet. Es geht auf schnellstem Weg zum Ziel. Dabei wird übersehen, dass viel Schaden angerichtet wird, zum Beispiel bei Kindern oder Tieren, die auf der Strecke sind, die überfahren oder zur Seite gescheucht werden: „Platz da, jetzt komme ich!"

Diese Vorgehensweise ist schlichtweg lieblos, und ihr könnt euch diese Verbohrtheit, diese Zielstrebigkeit in unterschiedlicher Ausprägung in vielen Beispielen anschauen. Es gibt auf der einen Seite zum Beispiel religiöse Fanatiker, die Menschen umbringen, bloß weil sie einen anderen Glauben haben. Das ist zurzeit das Auffälligste, was ihr an Fanatismus betrachten könnt. Aber schaut auch einmal auf die weniger auffälligen Dinge. Wo betreibt jemand unter der Überschrift der Justiz Sturheit oder Fanatismus? Wo seid ihr stur, wenn es um das Verhältnis zu Nachbarn oder Arbeitskollegen geht? Wo seid ihr stur bei der Anwendung eurer Vorstellungen, eurer Regeln im Umgang mit euren Mitmenschen?

Wann immer ihr in Entscheidungsprozesse kommt und die Chance habt zu erkennen, dass jemand von euch erwartet, entgegen euren Regeln zu handeln, stellt euch die Frage: „Was ist jetzt liebevoll? Was ist liebevolles Handeln?" Das ist die oberste Prämisse, das ist das, worum es immer geht. Liebevolles Handeln natürlich in Hinsicht auf euch, auf eure Selbstliebe, auf das Erreichen eures Ziels.

Ihr seid auf dem Weg zu eurem Reiseziel – in unserem

Beispiel Hamburg –, also geht es darum, dieses Ziel nicht aus den Augen zu verlieren, aber es geht selbstverständlich auch darum, dieses Ziel zu erreichen und auf dem Weg dorthin möglichst wenig Schaden anzurichten. Also möglichst wenig andere Menschen, Seelen, Lebewesen und Wesenheiten zu beeinträchtigen. Die Liebe werdet ihr finden, wenn ihr versucht, euch in die Neutralität zu begeben und dort zu entscheiden. Die Neutralität der bedingungslosen Liebe – in eurem Herzchakra ist sie verankert. Hier habt ihr den Zugang. So bitte ich euch: Seid euch als Erstes bewusst, dass die Grenze zwischen **zielstrebig** und **fanatisch/stur** sehr klein und schmal ist, eine ganz dünne Linie. Seid euch darüber im Klaren, dass ihr für **euch** entscheiden müsst, und zwar im Herzen.

Im Zentrum des Herzchakras habt ihr die Möglichkeit, in die Ruhe zu gehen und in bedingungsloser Liebe zu entscheiden: Welcher ist der richtige Weg? Welche ist die richtige Entscheidung? Oder um bei unserem Beispiel des Reisewegs zu bleiben: Wo mache ich Pause? Wo gehe ich zum Essen? An welchen See setze ich mich und lasse einen Moment die wunderbare Energie des Wassers, der Natur auf mich wirken? Welchem Freund vertraue ich, der mir eine Raststätte empfohlen hat, und wie lange unterbreche ich meine Reise? Wie lange ist es notwendig, irgendwo eine Pause zu machen? Notwendig für mich? Notwendig dafür, dass ich mich von dem Reisestress erhole?

Aber vielleicht ist eine Pause auch notwendig, weil ich auf meinem Reiseweg einen Freund besuche, der meinen Rat, meine Nähe, meine Liebe oder einfach mal wieder ein Lebenszeichen braucht, wo ich also aus meiner Zeit etwas herausnehme, etwas Zeit verschenke, um einer anderen Seele eine Freude zu machen.

Was ist liebevolles Handeln? Das ist die Frage, die als Überschrift für jede Entscheidung gilt, die ihr als Mensch zu treffen habt.

So geht also in dieser Inkarnation auch damit um, herauszufinden, was der Unterschied zwischen gradlinig/ zielstrebig und stur/fanatisch ist. Es ist meine Aufgabe, euch zu unterstützen, wenn es um Disziplin geht, um Gradlinigkeit. Darum bin ich immer an eurer Seite, wenn dieses Thema für euch ansteht. Wenn ihr an diesem Thema arbeitet, bittet mich um Unterstützung, und ich werde sofort zu Stelle sein.

Weil Disziplin, Gradlinigkeit, Zielstrebigkeit, Kontinuität die Energien sind, für die ich die Zuständigkeit übernommen habe, hat Metatron mich heute gebeten, euch diese Unterweisung zu geben.

Ich bedanke mich für die Ehre, für die Freude, die es mir gemacht hat, an euch diese Worte richten zu dürfen, und rufe euch zu: „Übt den Unterschied mit Freude, seid achtsam und achtet auf die Liebe bei Entscheidungen, die ihr zu treffen habt, wenn es darum geht, ein Ziel auf möglichst kurzem Weg ***direkt*** anzusteuern! Passt auf, dass ihr nicht in den Fanatismus fallt, achtet darauf, dass die Liebe immer die oberste Richtschnur ist für eure Entscheidungen!

Seid gesegnet und gedankt. Geht in Freude euren Weg. Habt keine Angst vor Zielstrebigkeit und Disziplin.

Gott zum Gruße, meine Lieben,
El Morya.

❋ ❋ ❋

Vertrauen
(Erzengel Raphael, im Auftrag von Metatron)

Gott zum Gruße, meine Lieben, Gott zum Gruße. Ihr geliebten Menschen, ihr leuchtenden Seelen, die ihr in einem Körper inkarniert seid, um etwas zu lernen, seid gegrüßt. Ihr lernenden Wesenheiten auf der Erde, ihr Erfahrung sammelnden Seelen, ihr wirklich von Herzen geliebten Menschen, sagt mir, warum habt ihr so viel Angst? Ich weiß natürlich, dass ihr Angst habt, weil ihr zu einem großen Teil mit dem Thema Vertrauen beschäftigt seid. Ihr, die ihr inkarniert seid in diesen Gebieten in Europa und der sogenannten westlichen Welt, seid im Grunde genommen mit allen Dingen versorgt, die euer feststoffliches Leben benötigt. Aufgrund der sozialen Netze, die ihr im Laufe der letzten Jahrzehnte, Jahrhunderte gespannt habt, seid ihr davor geschützt, zu erfrieren, zu verdursten oder zu verhungern.

In vielen Regionen auf Mutter Erde sind Menschen jeden Tag damit beschäftigt, den Kampf um das feststoffliche Überleben zu führen. Ihre größte Sorge ist: „Woher bekomme ich trinkbares Wasser, woher bekomme ich etwas zu essen für meinen Körper und für meine Kinder?“ Diese Menschen haben keine Zeit, sich mit grundlegenden spirituellen Überlegungen zu beschäftigen. Sie haben keine Zeit, Angst zu haben, was in zehn Jahren ist, was ist, wenn sie vierzig, fünfzig oder sechzig sind, ob sie dann noch ihren Arbeitsplatz haben, die Rente ausreicht oder genügend Geld da ist, um das Auto zu betanken. Sie haben keine Zeit, darüber nachzudenken, ob sie das nächste Jahr ihren Erholungsurlaub am Meer oder in den Bergen verbringen. Sie sind ausschließlich damit beschäftigt, das Überleben im Hier und Jetzt zu organisieren. Sie beschäftigen sich mit dem Beschaffen von Brennholz, um Wasser oder Nahrung zu erwärmen. Sie sind beschäftigt mit dem Sammeln von Nüssen und Früchten, die Mutter Erde ihnen liefert, oder ihre Ziegen, Schafe und Rinder gegen Löwen, Pumas, Wölfe, Bären oder sonstige Raubtiere zu beschützen und zu verteidigen.

Ihr, die ihr in Europa oder Nordamerika lebt, habt diese Sorgen nicht. Zumindest nicht in diesem Ausmaß. Selbst die Menschen, die bei euch als arm betrachtet werden oder die sich selbst als materiell arm betrachten, haben viele Unterstützungsmöglichkeiten, die den Überlebenskampf um Lebensmittel und Trinkwasser vermeiden. Menschen, deren Hauptsorge ist: „Wie komme ich gegen den Hunger an?", haben keine Zeit, sich mit dem Thema Vertrauen zu beschäftigen. Sie haben keine Zeit, Angst zu haben vor Fremden, die in ihr Dorf kommen, vor Bäumen, die in ihren Garten fallen, vor Menschen die sie angreifen, um sie zu berauben oder möglicherweise nur um des Spaßes willen.

Wann habt ihr euch das letzte Mal bewusst gemacht, wie sicher euer Leben doch eigentlich ist? Das, was euer

Leben in Gefahr bringt, sind meistens Dinge, die ihr selbst gut beeinflussen könnt. Die Geschwindigkeit auf dem Fahrrad, dem Motorrad oder dem Auto, die Kleidung, mit der ihr nachts unterwegs seid – ist sie im Dunkel der Nacht gut zu sehen? Ihr könnt Risiken eingehen wie Bergwandern oder Skilaufen auf ungesicherten Pisten. Also habt ihr es zum größten Teil selbst in der Hand, wie sicher euer Leben verläuft.

Manche von euch setzen sich bewusst Gefahrenmomenten aus, um ein Gefühl des Adrenalinkicks zu erleben – beim schnellen Motorradfahren, beim Bungee-Jumping, beim Fallschirmspringen oder ähnlichen Dingen. Was passiert bei diesen Sportarten? Ihr Menschen, die ihr nicht damit beschäftigt seid, das Wesentliche für euren Lebensunterhalt bestreiten zu **müssen,** testet auf andere Art und Weise eure Grenzen aus. Ihr habt Zeit auszuprobieren, wie geschickt ihr seid, wie gut ihr bestimmte Dinge beherrscht – eine Maschine wie ein Motorrad oder auch die Natur – wie den Wind beim Fallschirmspringen oder Drachenfliegen. Ihr probiert aus, wie gut eure Kräfte sind, wenn ihr ohne Sicherung durch ein Seil in den Bergen klettert, oder wie schnell ihr mit dem Fahrrad einen Berg rauf oder runterfahren könnt. Ihr probiert aus, wie viele Kilometer ihr laufen oder wie schnell ihr eine bestimmte Strecke zurücklegen könnt. Ihr probiert euren Körper, eure Leistungsfähigkeit aus. Und ihr probiert aus, welche Kraft in eurem Geist steckt, wenn ihr mit diesem Geist euren Körper beeinflusst. Ihr testet Grenzen aus und sammelt Erfahrungen. Dafür seid ihr inkarniert: um Dinge zu lernen.

Wenn ihr zu einer schnellen Motorradfahrt startet, wenn ihr beginnt, eine gefährliche Felswand hinaufzuklettern oder euch überlegt, eine besonders gefährliche Piste mit den Skiern hinunterzurasen, dann habt ihr Vertrauen in euch, in eure Leistungsfähigkeit und in die Möglichkeiten eures Körpers. Dieses Vertrauen ist gewachsen. Ihr habt irgendwann angefangen, auf dem Roller zu fahren, dann mit dem Fahrrad, irgendwann wurde das Fahrrad schneller, dann wurde aus dem Fahrrad ein Motorrad. Irgendwann seid ihr nicht mehr nur eine kleine Mauer hochgeklettert, sondern auch Bäume hochgestiegen, und dann wurden aus diesen Bäumen Felswände.

Ihr habt einmal begonnen, auf einem Kinderhügel Ski zu laufen, und jetzt steht ihr oben auf dem Berg und beginnt eine Schussfahrt die steile Piste hinunter. Der Mechanismus, der dahintersteckt, ist: Ihr beginnt etwas mit relativ kleinem Risiko, lernt es kennen und beherrschen, und dann versucht ihr, euer Wissen und Können anzuwenden, und das in dem Vertrauen in eure Leistungsfähigkeiten. Ihr habt die Erfahrung gemacht und wisst jetzt, wie dieser Mechanismus funktioniert. Ihr fangt mit kleinen Schritten an und baut dann – Stück für Stück, Schritt für Schritt – diese

Fähigkeiten aus. Und jetzt überlegt einmal: Warum wendet ihr den gleichen Mechanismus nicht an, wenn es um das Vertrauen in eure spirituelle Entwicklung geht? Warum wendet ihr den gleichen Mechanismus nicht an, wenn es um das Vertrauen in eure feinstoffliche Wahrnehmung geht? Warum wendet ihr es nicht an, um das Vertrauen in die emotionale Wahrnehmung eures feinstofflichen Körpers zu trainieren?

Wenn ihr mit der gleichen Hingabe und Begeisterung üben würdet, die Wahrnehmung eures dritten Chakras, eurer Hände oder eurer gesamten Aura zu trainieren, könntet ihr sehr schnell für euch bedrohliche Situationen spüren. Ihr würdet sehr schnell mit den Händen „erkennen", ob ein Lebensmittel für euch gut ist oder nicht. Ihr würdet sofort erspüren, ob ein Mensch, der auf euch zukommt, in der gleichen Frequenz schwingt wie ihr oder ob er für euch unangenehm ist. Versteht ihr die Parallelen?

Wenn ihr mit kleinen Übungen anfangt, seid ihr in eurer feinstofflichen Wahrnehmung irgendwann genauso gut, sicher und voller Vertrauen wie beim Motorradfahren mit über 200 km/h oder beim Skirennen den steilen Berg hinunter. Wenn ihr anfangt, eure Feinfühligkeit zu trainieren, zum Beispiel mit drei oder fünf unterschiedlichen Kugeln aus Edelsteinen oder Halbedelsteinen, würdet ihr sehr schnell merken, wie gut ihr das könnt, und ihr würdet

Vertrauen in die Wahrnehmung eurer Hände bekommen.

Besorgt euch einmal einige gleich große Kugeln, zum Beispiel einen Bergkristall, einen Rosenquarz, einen Lapislazuli, einen Achat, einen Turmalin, einen Obsidian, einen Schneeflockenobsidian – was immer ihr wollt und euch Spaß macht. Und dann tauscht mit geschlossenen Augen diese Kugeln auf dem Tisch. Lasst sie durch eure Hände gleiten, nehmt eine in die Hand und erspürt, welche es ist. Wenn alle Kugeln gleich groß sind, scheidet die mechanische Wahrnehmung aus. Wenn ihr es probiert, werdet ihr sehr schnell feststellen, wie gut ihr es könnt.

Dann könnt ihr diese Übung zum Beispiel mit Büchern machen, die ihr in die Hand nehmt und erspürt, ob sie für euch „wichtig" oder „unwichtig" sind. Ihr erspürt die „richtigen" Lebensmittel, wenn ihr sie betrachtet oder in die Hand nehmt. Damit ist nicht gemeint, vor einer Kiste von Äpfeln zu stehen und alle zwanzig Äpfel zuerst in die Hand zu nehmen. Das wäre sehr rücksichtslos gegenüber euren Mitmenschen. Aber wenn ihr mit der Hand dezent über die Kiste mit den Äpfeln geht, wisst ihr, welche für euch richtig sind. Wenn ihr einen Salatkopf – selbst wenn er in Zellophan eingepackt ist – erspürt, dann wisst ihr genau, ob heute für euch zum Beispiel ein Eisbergsalat besser ist als Gurke oder Chicorée besser als Rucola. Lernt, eure Talente zu trainieren und zu nutzen. Fangt mit leichten, ungefährlichen Übungen an und lasst so euer Vertrauen wachsen.

Wenn euer Vertrauen in eure Wahrnehmungsfähigkeit genauso stark ist wie das im Umgang mit dem Auto, dem Fahrrad oder den Skiern, dann habt ihr unendlich viele Möglichkeiten auf dem Weg des Aufstiegs, auf euch selbst zu hören und eurer Intuition, eurer Wahrnehmung, zu folgen. Und ihr kommt sehr viel schneller in die Unabhängigkeit von Ratgebern oder Begleitern, die Einfluss nehmen auf euren Weg – und das unter Umständen nur, weil ihr gar nicht merkt, wie diese Menschen als Lehrer/Gurus/Weise Einfluss nehmen auf euren Weg des Aufstiegs.

Lernt die Sensibilität eurer Aura, eurer Hände, eures dritten Chakras kennen. Lernt, sie zu nutzen. Denn diese Wahrnehmungen sind gleichberechtigt mit Sehen, Hören, Riechen, Schmecken oder Tasten. Sie sind euch nur noch nicht so geläufig, weil ihr sehr sparsam seid mit dem Üben dieser Fähigkeiten. Geht in das Vertrauen, dass es sich lohnt, Zeit aufzuwenden, um diese sensiblen Wahrnehmungs-Organe kennenzulernen. Lernt sie erst einmal kennen, und dann lernt, sie zu beherrschen. Lernt, sie richtig zu deuten. Und ihr seid wieder einen großen Schritt vorangegangen auf dem Weg des Aufstiegs.

Schult eure Sensibilität. Schult eure Wahrnehmung. Aber seid am Anfang vorsichtig beim „Urteilen“. Zur Kenntnis zu nehmen, ob der Mensch, der euch entgegenkommt, in eurer Frequenz schwingt, ist die eine Sache. Eine gänzlich andere ist es, ihn zu beurteilen. Er ist kein schlechter Mensch. Er ist niemand, um den man einen Bogen machen muss, nur weil er in einer anderen Frequenz schwingt wie ihr. Was ihr zur Kenntnis nehmen könnt, ist:

1. Er schwingt anders.
2. Er schwingt in einer Frequenz, die mich interessiert.
3. Er schwingt in einer Frequenz, die für mich anstrengend ist.

Allein diese drei Dinge auseinanderzuhalten und dementsprechend zu agieren, zu lernen, mit dieser Empfindung, dieser Wahrnehmung umzugehen und sie für euch und euren Wachstumsprozess sinnvoll einzusetzen, ist eine sehr spannende Lektion, ein sehr interessanter Weg, der niemals langweilig wird.

Ich wünsche euch viel Vertrauen mit dieser Arbeit. Ich wünsche euch auch Spaß bei diesen Übungen, und ich wünsche euch erkenntnisreiche Experimente, die euch schnell zu Ergebnissen führen, die dann auf dem Weg eures Aufstiegs von Nutzen sind.

Seid gegrüßt von Herzen.
Seid gesegnet, Raphael.

Kommunikation – Wie vermeide ich Missverständnisse?
(Erzengel Gabriel, im Auftrag von Metatron)

Gott zum Gruße, meine Lieben, Gott zum Gruße. Kommunikation in Neutralität, das ist ein ganz schwieriges Thema – vor allen Dingen für euch Menschen. Auch Unterrichten oder etwas Mitteilen in bedingungsloser Liebe ist eine schwierige Übung. Schaut euch an, wie es ist, wenn ihr wütend seid, wenn euch irgendetwas so richtig geärgert hat und ihr in diesem Zorn, in dieser Wut eine Rede haltet und jemandem mitteilt, dass er euch mit einem Sachverhalt, mit einer Äußerung verletzt oder geärgert hat. Dann kommt eure Missfallenskundgebung bei eurem Gegenüber ohne Missverständnisse an. Er weiß zweifelsfrei, dass ihr gekränkt, verletzt oder wütend seid.

Das andere Extrem: Ihr seid von irgendetwas total begeistert, findet es große Klasse, spitzenmäßig, super, genial. Wenn ihr in dieser Emotion der Freude, der Begeisterung, der Zustimmung jemandem etwas erzählt, egal, ob es über ein Urlaubsziel, ein neues Auto, ein neues technisches Spielzeug oder was auch immer, euer Gegenüber versteht auf alle Fälle sofort, dass ihr begeistert und emotional tief berührt seid, und diese Berührung macht euch große Freude. Euer Gegenüber spürt unabhängig von dem, was es hört, auch über seine emotionale Wahrnehmung in beiden Fällen sehr genau, was euer Emotionalkörper ausstrahlt: Zorn, Wut, Trauer, Freude oder Begeisterung. Im Extremfall würde euer Gegenüber mit verbundenen Augen und verschlossenen Ohren eure Begeisterung oder aber auch eure Wut spüren. Wenn ihr jetzt diese Rede noch mit entsprechenden Handlungen und Gesten unterstützt, bei Wut mit der Faust auf den Tisch haut oder vor Begeisterung in die Hände klatscht, dann ist dieser Ausdruck von euch an Eindeutigkeit nicht zu überbieten, und es gibt keine Gefahr von Missverständnissen und Fehlinterpretation – zumindest, was den Sachverhalt anbelangt. Ihr seid wütend oder hocherfreut.

Die Sache wird aber komplizierter, wenn ihr versucht, gerade im Zustand der Wut und des Zorns zu erklären, **warum** ihr so erregt seid. Der Zorn, die Wut, diese ungemein kraftvollen Energien durchströmen euer Hirn, euren emotionalen Körper, eure Felder, die für die emotionale Koordination zuständig sind, und überlagern in dieser machtvollen Energie, in diesen wie eine Riesenwelle aufbäumenden emotionalen Feldern eure Fähigkeit zur klaren Formulierung. Ihr seid in diesem Zustand nicht mehr in der Lage, wirklich abzuwägen, welche Worte ihr wählen müsst, damit euer Gegenüber euch versteht. Wenn ihr also versucht, im Zorn mitzuteilen, warum ihr verärgert seid, besteht aufgrund des Zornes eine große Gefahr von Missverständnissen. Es ist absolut klar und eindeutig, dass ihr missmutig seid. Es ist aber möglicherweise vollkommen missverständlich, wie ihr ausdrückt, **warum** ihr missgelaunt seid. Wenn euer Gegenüber sich jetzt auch noch angegriffen fühlt, obwohl er gar nicht zuständig ist, sondern nur der momentane Gesprächspartner, erhöht sich die Gefahr des Missverständnisses.

Die Erhöhung der Gefahr eines Missverständnisses entsteht allein dadurch, dass euer Gegenüber in eine Abwehrhaltung geht, um sich nicht mit Energien, Beschwerden oder Klagen zuschütten zu lassen, für die er überhaupt nicht zuständig/verantwortlich ist. Hier prallen also mehrere Energiefelder aufeinander, die im ersten Augenschein überhaupt nichts miteinander zu tun haben.

Stellt euch vor, ihr geht in ein Restaurant zum Essen, es ist Winterzeit, und der Hausmeister hat auf dem Parkplatz den geräumten Schnee an unmöglichen Stellen aufgetürmt, sodass ihr keine ordentliche Möglichkeit habt, euer Auto zu parken. Ihr betretet das Restaurant, seid furchtbar verärgert über diesen „Deppen", der so einen Unsinn veranstaltet hat, setzt euch an einen Tisch, bestellt beim Kellner etwas zu trinken und beschwert euch dann bei ihm – in eurer schlechten Laune – über den unmöglichen Zustand des Parkplatzes. Der Kellner ist eindeutig nicht dafür zuständig, es ist nicht seine Aufgabe. Es ist sicherlich seine Aufgabe, der Geschäftsführung mitzuteilen, dass sie sich um den Zustand des Parkplatzes kümmern soll, aber für die Wut, den Zorn, die schlechte Laune in euch kann dieser Kellner überhaupt nichts. Er wird also abschotten, was an schlechter Laune, an unschöner Energie auf ihn abgeladen werden soll. Wenn dann vielleicht noch das von euch gewünschte Getränk gerade ausverkauft ist, erhöht sich eure schlechte Laune, und ihr beschwert euch wieder bei dem Kellner. Und wieder ist der Kellner der Leidtragende, obwohl er wahrscheinlich nicht für den Einkauf der Getränke zuständig ist.

Merkt ihr, wie schwierig es für den Kellner ist, euch gegenüber freundlich zu sein und seine liebevolle Grundhaltung zum Ausdruck zu bringen? Er ist ja erst einmal aus Selbstschutz gezwungen, eine Schutzmauer um sich aufzurichten. Er hat eindeutig verstanden, dass ihr schlechte Laune habt. Er ist geneigt, euch Recht zu geben, dass der Parkplatz in einem erbärmlichen Zustand ist, und er stimmt euch auch zu, dass es sehr schade ist, dass euer Lieblingsgetränk heute nicht vorhanden ist. Aber er ist nicht zuständig! Er ist bloß der Bote der schlechten Nachricht, was das Getränk anbelangt, und der „Müllabladeplatz" eurer Wut und eures Zornes.

Wenn ihr euch freut und jemanden in eurer Begeisterung „zuschwallt", registriert dieser Mensch zwar auch, dass er nichts dafür kann, dass ihr so gute Laune habt, aber er ist in der Lage, sich mit euch zu freuen. Er muss sich vor diesen Energien nicht schützen. Er sieht das Leuchten in euren Augen und denkt sich vielleicht: „Na ja, ich kann damit nichts anfangen, was diesen Menschen so erfreut, aber ich freue mich mit ihm, weil es ihm gut geht." Kurzum: Ihr schüttet ihn auch mit einer Energie zu, die ihn eigentlich nicht betrifft. Aber diese Energie belastet ihn nicht, und er muss sich vor ihr nicht schützen. Er kann sie zur Kenntnis nehmen, von eurer Freude partizipieren und sich dann mit euch freuen oder im Zweifelsfall sich darüber amüsieren, was euch so erfreut. Hier ist klar erkenntlich, dass die Emotionen in eurem Ausdruck ein gewichtiger Faktor sind, was die Botschaft anbelangt, die ihr vermitteln wollt.

Wenn ihr jetzt versucht, ohne Emotionen, in vollkommener Neutralität eine Information zur Verfügung zu stellen, damit euer Gegenüber diese Information zwar zur Verfügung hat, aber dann eigene Schlüsse daraus ziehen kann, wird es sehr schwierig für ihn zu verstehen, was ihr sagen wollt. Euer Gegenüber ist diese emotionslosen Mitteilungen in aller Regel nicht gewohnt.

Bleiben wir bei dem oben erwähnten Beispiel: Wenn ihr dem freundlichen Kellner vollkommen emotionslos mitteilt, dass draußen Schnee auf dem Parkplatz liegt, der eurer Meinung nach sinnvoller zusammengeschoben werden könnte, damit mehr Autos auf dem Parkplatz Platz haben oder sich besser hinstellen können, kann es euch passieren, dass der Kellner sich angegriffen fühlt. Er hört bloß, „dass man etwas besser machen kann". Vielleicht hat er dasselbe auch schon festgestellt und versucht, mit dem zuständigen Hausmeister darüber ein Gespräch zu führen. Der Hausmeister war aber gerade schlecht gelaunt und hat zu ihm gesagt: „Kümmere dich um deinen eigenen Dreck."

Das heißt, wenn ihr mit eurer in Neutralität vorgetragenen Beobachtung an den Kellner herantretet, seid IHR in der Wiedergabe eurer Beobachtung eigentlich in vollkommener Neutralität, triggert aber bei dem Kellner eine schlechte Erinnerung an, weil er vor zwei Stunden mit dem Hausmeister wegen dieses Themas bereits aneinandergeraten ist. Wenn ihr euch jetzt vorstellt, dass im Laufe der nächsten Stunde noch fünf Gäste kommen und sich bei dem Kellner zum gleichen Thema neutral und freundlich beschweren, versteht ihr, warum der Kellner auf einmal unwirsch und merkwürdig reagiert, obwohl ihr doch bloß nett und freundlich – in Neutralität – eine Information zur Verfügung gestellt habt.

Es ist eine schwierige Übung, in der Kommunikation herauszuheben und herauszustellen, dass ihr nur eine Information in den Raum stellt, damit derjenige, den ihr informiert, diese nach eigenem Gutdünken nutzen kann.

Die meisten Menschen sind es nicht gewohnt, dass ihnen irgendjemand etwas nur als Information zur Verfügung stellt, **ohne** an diese eine Erwartungshaltung zu klammern. Wenn wir bei der Situation mit dem Kellner und dem Schnee bleiben, könnt ihr davon ausgehen, dass mindestens 95 Prozent aller Kellner glauben, wenn ihr einfach nur sagt: „Ich glaube, den Schnee könnte man anders besser aufräumen", ihr euch bei ihm beschweren, sie für etwas verantwortlich machen und „rummeckern" wollt.

Wenn ihr also Menschen in neutraler, bedingungsloser Liebe eine Information zur Verfügung stellt, ist es ratsam, darauf zu achten, ob eure emotionale Wahrnehmung euch bestätigen kann, dass das, was ihr sagen wollt, bei dem anderen auch angekommen ist. Oder, anders formuliert: Wenn ihr euch bemüht, in Neutralität eine Information zur Verfügung zu stellen, achtet besonders darauf, ob bei eurem Gegenüber mit der von euch in Neutralität zur Verfügung gestellten Information möglicherweise Wut, Zorn usw. hervorgerufen wird. Also spürt in die Wirkung eurer Worte und versucht herauszubekommen, ob euer Gegenüber auch genau das wahrgenommen hat, was ihr ausdrücken wolltet.

Gerade in emotionslos vorgetragenem Sachverhalten verbirgt sich die Gefahr von Missverständnissen. Versucht wirklich hinzuspüren, ob in den emotionalen Feldern eures Gegenübers die Wirkung eintritt, die ihr beabsichtigt habt, oder möglicherweise eine komplett andere – möglicherweise sogar eine kontraproduktive. So kann es passieren, dass das, was von euch nett und liebevoll gemeint ist, bei dem anderen Verletzt-Sein, Gekränkt-Sein, möglicherweise sogar Beleidigt-Sein oder Angegriffen-Sein hervorruft. Versucht also, ab und zu nicht nur auf die Wahl eurer Worte zu achten, nicht nur darauf zu achten, etwas nett, freundlich, aber doch klar zu formulieren, sondern gleichzeitig über euer Herz, über eure gesamte emotionale Wahrnehmung hinzuspüren, ob der andere auch wirklich verstanden hat, was ihr sagen wollt.

Seid in Liebe umarmt. Seid eingehüllt in die Energie der bedingungslosen Liebe. Seid gesegnet und geschützt.

Euer Erzengel Gabriel.
Gott zum Gruße.

✲ ✲ ✲

Zeit für EUCH (Metatron)

Gott zum Gruße, meine Lieben. Auch wenn im Sommer viele sonnige Tage euer feststoffliches Sein umschmeicheln, die Strahlen des Planeten Sonne euer Herz und eure Haut erwärmen, so ist doch das ganze Jahr es wert, es zu betrachten. Der letzte Teil des Jahres naht, wenn der Sommer geht. Viele Bäume und Büsche haben dann bereits ein wechselndes Farbenkleid, was ein untrügliches Zeichen dafür ist, dass der Kreislauf der Natur sich dem Ende nähert.

Es ist immer wieder bemerkenswert, wie ihr als Mensch inkarnierte Seelen im Ablauf des Naturjahrs sehen könnt, wie der Kreislauf des Lebens funktioniert: Werde, wachse heran, stirb und werde. Im Frühjahr ist überall das frische Grün aus den Pflanzen hervorgeschossen, im Sommer hat es euch in seinem dunklen Grün das Ende des Wachstums signalisiert. Diesen Grad der Neutralität, den die Natur im Laufe ihres Wachstums erreichen kann, hat sie in aller Regel im Sommer oder Spätsommer erreicht. Es ist so etwas wie der Zenit. Auch wenn im Herbst natürlich bestimmte Blumen, die ihr als Herbstblumen bezeichnet, in voller Pracht blühen, sind auch diese Pflanzen bereits über den Zenit ihres diesjährigen Seins gegangen.

Nehmt die Natur als Beispiel, auch um euch immer wieder daran zu erinnern, dass das Sterben des Feststofflichen zum Leben dazugehört wie die Geburt. Aber es ist mir heute noch wichtiger, euch darauf hinzuweisen, dass ihr während des Herbstes und des kommenden Winters in der Zeit seid, in der es sich lohnt, Zeit für EUCH einzuplanen. Für euch, für euer Wachstum als Mensch, als inkarnierte Seele in einem feststofflichen Körper. Das, was sich um euch herum draußen ereignet, ist der Kreislauf der Natur. Und dieser lässt euch im Herbst und Winter ein wenig Luft.

Was ich meine: Die Arbeit im Garten, in den Feldern, in den Rosenbeeten oder wo auch immer lässt euch jetzt Luft für andere Dinge. Es ist also die perfekte Zeit für euch, euren Terminkalender zu nehmen und dort Zeiten für EUCH einzutragen. Zeit für euch kann natürlich durchaus auch Zeit für Meditationen und Übungen sein, die das Feinstoffliche besonders erreichen, die vielleicht besonders zeitintensiv sind oder für die ihr in einer besonderen Stimmung sein müsst. Zeit für euch kann aber auch bedeuten, diese Zeit für euch wirklich zur Freude, zur unmittelbaren Freude, einzuplanen.

Der Herbst und der Winter sind in eurem Zeitablauf die perfekten Monate, eure Aktivitäten als Maler, als Bildhauer, als kreativer Mensch, in welcher Form auch immer, zu aktivieren. Ich möchte euch also in dieser Zeit nicht nur dazu animieren, etwas Zeit für Meditationsübungen einzuplanen, die für euer spirituelles Wachstum förderlich, ja, manchmal sogar notwendig sind, sondern auch Zeit einzuplanen, um euer Herz, eure Seele zu erfreuen. Nehmt euch die Zeit und schaut euch im Kino den Film an, der euch Freude macht. Plant die Zeit ein, um aus den entsprechenden Bibliotheken die Filme zu holen, die ihr im Sommer und im Frühjahr aufgrund mangelnder Zeit nicht gesehen habt, obwohl ihr sie eigentlich sehen wolltet. Nehmt euch die Zeit, wieder einmal bewusst die Musik zu hören, die euch Spaß macht und die nicht im Radio läuft. Setzt euch vor eure Stereoanlage mit einem Buch und genießt die Musik, nutzt die Zeit zur Weiterbildung eures Wissens, weil ihr etwas lest, für das ihr euch sonst keine Zeit genommen habt. Lest möglicherweise auch etwas, das einfach nur Spaß macht. Denn auch Spaß und Lebensfreude sind Essenzen, die für das Wachstum der Seele unabdingbar sind. Versteht, dass es so viele unterschiedliche Dinge gibt, die euer Wachstum beschleunigen, die ihr – aus der Distanz heraus betrachtet – für nicht so wichtig erachtet, die aber doch in ihrer Kombination eine ungeheure Kraft entfalten.

Musik wirkt auf euren feststofflichen Körper, denn dieser besteht, wie ihr wisst, zu einem großen Anteil aus Wasser. Schaut euch die Bilder von Emoto an, wie Wasser auf bestimmte Musik reagiert, und ihr versteht sofort und unmittelbar den Heilungserfolg der Musik, die euch

Freude macht. Wenn ihr das nun kombiniert mit einem Buch, das euch Freude macht oder das ihr lest, um an ein bestimmtes Wissen zu gelangen, ist es förderlich für euer geistiges und spirituelles Wachstum.

Erinnert euch: Mit jedem Wissen, das ihr in euer System integrieren könnt, erhöht sich die Frequenz eurer Schwingung. Je hochfrequenter ihr schwingt, desto näher seid ihr am Gipfel des Aufstiegs angelangt. Vergesst nicht, die Zeit des Aufstiegs ist JETZT. Jetzt, in dieser Sekunde, in der ihr diesen Text lest, ist die richtige Zeit, an eurem Aufstieg zu arbeiten, an der Veränderung eurer Frequenzen.

Ich möchte euch in meiner heutigen Botschaft darauf hinweisen, darauf zu achten. Ihr ALLE, jeder einzelne Mensch, habt die gleichen Rechte und Möglichkeiten. Jeder von euch ist in der Lage, innerhalb von Sekundenbruchteilen aufgrund von Entscheidungen, die ihr trefft, sein Leben zu verändern und massiv an der Erhöhung seiner Frequenzen zu arbeiten.

Im Laufe des Kalenderherbstes könnt ihr euch die Zeit nehmen, bewusst an dieser Thematik zu arbeiten. Die Arbeit an dieser Thematik, um es ganz klar zu sagen, ist die Arbeit an *euch*, an *eurem* System. Spirituelles Wachstum ist nur möglich, wenn ihr kontinuierlich den Weg des Aufstiegs geht.

Kontinuierlich immer, aber vor allen Dingen und selbstverständlich auch im Herbst, wenn nicht pausenlos neue Eindrücke auf euch einstürmen, die ihr verarbeiten müsst, sondern wenn ihr die Zeit habt, die Dinge in Ruhe zu betrachten, die ihr im Laufe der zurückliegenden Wochen oder Monate beiseitegelegt habt, weil euch der Ablauf des Lebens eurer Meinung nach nicht die Zeit gelassen hat, euch mit diesen zum Teil auch unangenehmen Situationen auseinanderzusetzen. Es ist in dieser kurzen Botschaft im Grunde genommen alles enthalten, was ich euch heute mit auf den Weg geben will und kann.

In kurzen, knappen Worten:

Nutzt die freie Zeit, setzt euch hin, nehmt euch euren Terminkalender und tragt Zeiten ein, die ihr für euch nutzt! Schaut nicht, ob ihr irgendwann ganze Tage zur Verfügung habt und dass nur, wenn ihr einen ganzen Tag eurem Aufstieg widmet, die Zeit sinnvoll angewendet wird. Selbst das Kochen einer Mahlzeit braucht unter Umständen, sofern ihr zum Beispiel Reis verwendet, nur wenige Minuten. Aber wenn ihr diese Minuten aufaddiert, wie oft ihr im Laufe eines Quartals aus Bequemlichkeit und weil es schnell geht, Reis esst, merkt ihr, dass ihr hier vieles verbessern könnt. Nutzt also die Zeit, plant Termine ein von einer Stunde, von zwei Stunden oder selbstverständlich, wenn es geht, von halben oder ganzen Tagen. Aber versteht, dass die Zeit für *euch*, für *euer Wachstum*, für *eure Freude* notwendig ist. Für *eure Gesundheit* und für den Pfad des spirituellen Aufstiegs. Seid konsequent beim Einplanen dieser Zeitfenster. Aber seid vor allen Dingen zweihundert Prozent konsequent, wenn ihr diese Zeitfenster in Anspruch nehmt. Gebt diesen von euch eingeplanten Zeiten den Stellenwert, der ihnen zusteht. Sie haben höchste Priorität, denn es gibt nichts Wichtigeres als den Wohlbehalt der Zeiten für euch, für euer Wachstum, für eure Freude.

So grüße ich euch. Ich segne euch und wünsche euch von Herzen gutes Gelingen bei dem Verplanen eurer Zeit.

Gott zum Gruße, Metatron.

❋❋❋

Ein GEBET (Metatron)

Ich gehe weiter.
Ich bin Liebe, lebe Liebe, zeige Liebe.
Ich strahle, leuchte.
ICH BIN.
Ich lasse mich führen, immerzu, jederzeit, auch nachts.
Ich lasse gehen, ich lasse entweichen, ich lasse los.
Ich tanze in den Himmel, ich tanze auf der Erde, denn hier sind Himmel und Erde vereint.
Ich liebe mein Leben. Ich bin geführt.
Gott ist mit mir, in jeder Sekunde.
Ich gehe weiter, solange ich gehen soll.
Ich lache, ich bin Freude an meinem Weg.
Ich nehme an, was auch immer geschieht.
Ich habe meinen freien Willen, und doch bin ich geführt.
Ich lasse mich führen und gehe in Demut.
Ich bin Liebe. Ich bin Liebe.
Alles darf gehen, was nicht mehr gebraucht wird. Alles darf gehen, darf entweichen.

Neues darf kommen, was Liebe beinhaltet, kann kommen.
Reichtum sei mit mir, ist mit mir – im Herzen, aber auch in der Materie.
Reichtum sei mit mir, ist mit mir – in meinem Leben, in meinem Herzen, in mir, mit mir. Immerzu.
Reichtum – Liebe – Demut – Anmut – Fülle – Unendlichkeit – Frieden.

Über die Autoren

Birgit Maria Niedner und Peter Niedner (MANGATA®) leben in dem Wissen, immer schon unter der bewussten Führung der göttlichen Kraft gelebt zu haben, sind also seit ihrer Kindheit wissend mit der Geistigen Welt verbunden.

Birgit Maria und Peter haben für sich gewählt, die Universellen Gesetze zu leben, und somit göttliche Liebe. In ihrer Einheit ergänzen sich die Fähigkeiten und Neigungen der beiden Medien, die jede Seele dort in Empfang nimmt, wo sie sich auf ihrem evolutionären Weg befindet, und sie mit Liebe stützt und begleitet, ohne Zwänge, Dogmen oder Vorschriften.

Birgit Maria und Peter arbeiten in ihrem eigenen Zentrum, geben Seminare und Einzelstunden, channeln, schreiben Bücher, erstellen Buntglasbilder, alles stets im Vertrauen zum göttlichen Sein und in die Führung durch die Geistige Welt.

www.mangata.de

Birgit Maria & Peter Niedner

METATRON – Ausgleich des Karmakontos

111 Fragen und Antworten

160 Seiten, 120 x 190 mm, gebunden, mit Leseband

ISBN 978-3-95531-035-6

Jede neue Erfahrung, die in den vielen Leben einer Seele erarbeitet wurde, bringt zwangsläufig karmische Verstrickungen und Verbindungen mit sich.

Metatron erörtert Fragen, die immer wieder auftauchen und viele Menschen beschäftigen, in einer präzisen Sprache und beantwortet sie klar und präzise.

Karma ist kein Schicksal, keine Bürde, keine Last. Karma ist einfach eine Energie, die sich auf dem Weg des Aufstiegs zwangsläufig entwickelt. Karma ist nicht gut und nicht schlecht, Karma IST! Aber es gibt selbstverständlich Möglichkeiten, Karma auszugleichen, und genau darum geht es hier.

Ava Minatti

Lady Nada – Die Antwort ist Liebe!

104 Seiten, broschiert, 11,5 x 16,5 cm, Small Edition

ISBN 978-3-95531-131-5

Durchsage zu den aktuellen Völkerwanderungen!
Verjüngung der Zellen!
Aktivierung des Magdalena-Kodes!

Was hat es mit den derzeitigen Völkerwanderungen auf sich? Wie können wir unsere Zellen verjüngen? Und was ist der Magdalena-Kode? Lady Nada, die Meisterin des rubinrotgoldenen Strahls und des Lichts, gibt dir Informationen zu diesen aktuellen Themen.
Du hältst hier eine Perle, eine Kostbarkeit in Händen – ein wunderbares Geschenk für dich oder für jemanden, der dir am Herzen liegt.

Die Antwort ist Liebe! Du bist die Antwort! Du bist Liebe!